AF276098

Sevilla

Manuel Machado

Sevilla

casimiro

casimiro [*casimiroa edulis*]

Reproponemos aquí la antología de escritos de Manuel Machado sobre Sevilla originalmente publicada por la editorial hispalense RC Editores en 1988 con el título *Cualquier día en Sevilla*

En cubierta: François-Antoine Bossuet, *Calle de la Giralda* (detalle), 1880
Colección privada

© Casimiro libros, Madrid, 2025
Todos los derechos reservados
www.casimirolibros.es

ISBN: 978-84-19524-43-0
D. L.: M-2350-2025
Impreso en España

Índice

MANUEL MACHADO
(Sevilla, 1874 - Madrid, 1947)

Sin duda que la Sevilla universal y triunfalmente repre-
sentativa, no sólo de Andalucía, sino de España, en el
mundo entero, es aquella que –con un matiz absurdo e
injustamente peyorativo– acostumbramos llamar la
Sevilla de pandereta... Vale decir la Sevilla de Semana
Santa y Feria, de las corridas de toros y las fiestas flamen-
cas; Sevilla de las procesiones y de los cantares, con su
maravilloso complejo de misticismo y sensualidad aureo-
lada por la Gracia.

Pero, por debajo de esa Sevilla mundial, lujosa, Sevilla
que pudiéramos decir de gala con uniforme, existe la
Sevilla cotidiana y corriente, la Sevilla de diario, como
base y substrato, como suelo –fiebre o jardín– donde tales
plantas brillantes se producen y crecen.

Y es de esa Sevilla de la que os hablan los capítulos de
este libro. El cual no es tampoco un libro costumbrista, ni
se refiere a usos tradicionales más o menos generalizados,
ni a escenarios típicos y característicos, como pudieran
serlo el patio, la reja, el colmado, la venta, la freiduría del
pescado. No. Las estampas recogidas en estas páginas se
refieren y aluden no más a cosas sueltas, a casos indivi-
duales, esporádicos, al parecer del todo intrascendentes y
vulgares y sin el menor valor exótico... Casos y cosas que

pueden ocurrir y ocurren en Sevilla cualquier día... *Cualquier día, en Sevilla*. Pero sólo en Sevilla.

Sólo en Sevilla, en efecto, y ésta es la razón de que, a pesar de su insignificancia histórica, social y aun meramente artística, yo me haya animado a consignarlas, pensando ver en ese nada, que es todo, algo de lo más hondo del alma sevillana, algo de eso que está, de un modo inconsciente, pero revelador, en los ojos, en el ademán, en el gesto de aquellos hombres y de aquellas mujeres...

Un libro así no interesará seguramente a los buscadores de emociones, a los lectores de novelas de costumbres, a los espectadores del teatro folklórico... Pero puede ofrecer con modestia ciertas precisiones psicológicas de carácter íntimo a aquellos que honradamente se proponen escribir la Historia, la Novela y el Teatro de Sevilla.

Y sobre todo, a unos cuantos sevillanos muy inteligentes y finos en quienes pienso al escribir este prólogo.

MANUEL MACHADO

I

ESTAMPAS SEVILLANAS

LA MANTILLA Y LOS CLAVELES
Breve elogio del tocado español

La mantilla blanca es un celaje, un verdadero celaje sobre el cielo de una cara bonita y española. Es, además, la mantilla de la alegría, de las fiestas. Téngase por dicho en su loor cuanto a la mantilla en general conviene.

Pero es a la mantilla negra, como tocado nacional, a quien se dedica este elogio. Y lo que aquí se celebra... Es el triunfo de la mantilla, la negra mantilla española, de blondas y encajes. Aéreo tejido de sombras y penumbras sobre las más lindas cabecitas del mundo.

Desde la altísima peineta de carey, a trozos opaca y traslúcida –como fundida también de luces y negruras–, llueve la mantilla sobre el pelo, la frente y el busto, como una lluvia de gracia. De una gracia severa y castiza, que en vano querríais sustituir –¡oh madrileñas!– con los innumerables tocados de París.

Con la mantilla, sois vosotras las españolas que el mundo entero adora y añora: las pintadas por Goya, por

Sergeant y Zuloaga; las soñadas por Byron, las cantadas por Rossini y Bizet...

Con la sola mantilla y con el sencillo, al par que rico, traje, traje negro de los días santos, vais vestidas vosotras mismas, dejando ver por fuera un poco de la castiza sal en que os rebosa el alma.

Gracias a vosotras, Madrid es en esos días la verdadera capital de España. ¿Por qué dejar que luego se convierta en una ciudad cualquiera y que vosotras mismas –sin dejar de ser bonitas– no seáis ya vosotras?...

Luego, el sombrero, desde la gorrita militar y el sencillo canotier, casi masculino, hasta el historiado modelo bucólico, supremo delirio de la moda, es siempre un esclavo de la gran tirana, y ha de pasar, variando constantemente, por todos sus caprichos y aun por todos sus dislates.

La mantilla, en cambio, no pasa nunca. Eternamente bella, lujosa y sencilla, tiene, además, el encanto de lo personal, porque podéis plegarla y recogerla a vuestro gusto. A un sombrero, por bonito que sea, no podréis darle otra forma que la que le impuso la modista... El sombrero comporta las odiosas flores de trapo. Préndese la mantilla con rosas naturales.

Donde halléis un sombrero de mujer, os será difícil adivinar si su dueña era francesa, inglesa, americana. Donde estén una mantilla y un abanico, es indudable que ha pasado una mujer española.

La francesa tiene *chic*; la inglesa, *smart*; la americana, *pep*... La mujer española tiene *sal*...

Y la sal no habla sólo de gracia, de encanto, de atractivo, de garbo. No es cosa adjetiva y de adorno, ni siquiera de juego –como el mismo Arte–. La sal es algo sustancioso y necesario, como el pan y el agua; máximo condimento de la vida, único incentivo, coquetería suprema y santa, porque es totalmente ajena a toda afectación involuntaria, innata; don celeste, en la más pura acepción de la palabra.

Ahora bien: esta sal de la mujer española es la que sabe envolverse en la mantilla.

Y sólo ella lo sabe.

* * *

He dicho que la mantilla se prende con flores naturales. Debí decir sencillamente con claveles. Porque el clavel es nuestra flor, la flor española por excelencia. Si la rosa es Francia, el clavel es España. Si la tibia y dulce rosa dice de cabelleras blondas y pupilas celestes, de nacaradas teces y finas bocas madrigalizantes..., el clavel es moreno y evoca los negros ojos terriblemente y los labios sensuales. Si el amor es la rosa, el clavel es la pasión. Y si la rosa es carne, el clavel entraña.

Tienen sus hojas contextura de mucosas, y el aroma –esa zona de aire encantado que las corolas esparcen en torno– es en el clavel extrañamente capitoso. Evocador del más hondo encanto femenino, el rojo clavel parece añorar siempre el busto delicioso y caliente sobre la negra mantilla o el azuleante cabello.

Porque el clavel es, si queréis, de todos los colores imaginables; pero, ante todo y sobre todo, rojo de sangre. Desde la arterial, rosada y generosa, que lleva la vida, hasta la oscura sangre venosa, hasta la negra sangre cuajada en las arenas. Rojo de sangre, desde la herida hasta la llaga.

He dicho que el clavel representa a España en la flora universal, como el elemento mudéjar es el único exclusivo nuestro en el arte europeo. Pero claveles y arabescos son principalmente andaluces...

* * *

Sí. Es el rojo clavel sevillano el prendedor supremo de esa mantilla cuyo elogio me ha traído hasta aquí y en cuyo loor he de repetir, mujeres españolas, que sólo ella os viste de vosotras mismas.

Es uno más de su tierra de lo que imagina... Y cuando descubrimos en nosotros mismos algún rasgo que así nos lo demuestra, tal vez nos sorprendemos, sí que nos alegramos también tal vez...

Así yo, por ejemplo... ¡Ah! Pero ante todo pido perdón a los lectores por las insulseces de esta charla mía, ni amena ni interesante, ni útil ni dulce, ni nada. Pura conversación de Puerta de Tierra.

Ya sé que el mundo está triste y feo –como suele decirse, ni el horno para bollos, ni la magdalena para tafetanes–, Pero en mi Sevilla natal, a despecho de todo, se ha rendido siempre un culto a la broma digno de mejor causa, pero de un modo fatal, congénito, involuntario e incomparable... Pero, cuidado aquélla es –contra lo que reza el falso mapa psicológico de España– la gente más seria del mundo. La verdadera broma sevillana es también eminentemente seria.., No sé de país ni capital alguna donde una broma pueda durar, como allí, semanas, meses, años, y llegar a consecuencias tan extraordinarias... No. La broma, en Sevilla, no es una copla. Es, por lo menos, un soneto, con su estrambote y todo. Y, mejor aun, una notablemente pergeñada comedia en tres actos, cuando no una tragedia en cinco, como aquellas que tan fáciles de no escribir le parecían a Miguel de los Santos Álvarez.

Yo no consiento ni aplaudo a esta importancia dada a la broma por mis paisanos. Pienso que ahí está, por el contrario, uno de nuestros más grandes defectos.

Y, sin embargo...

La calle de Echegaray viene a ser una especie de extensión flamenca de Sevilla en Madrid... Está llena de colmados al estilo de allá. En uno de ellos –de amable recordación– tenía yo, no hace muchos años, una tertulia de amigos y paisanos en su mayoría, con quienes tomaba diariamente lo que en casi toda Andalucía se llama las once, de donde procede etimológicamente la palabra *lunch*, perfectamente inglesa, y que, por más señas, significa una chaparrada de cañas que se toman alrededor de las ocho de la noche.

Entre los mozos de aquel colmado hubo uno –duró poco en la casa– que desmentía la bien ganada fama de avisados y listos de que goza esta clase de camareros... No sé por qué ni por dónde a aquel infeliz –por lo demás sumamente respetuoso, atento y servicial– se le había metido en la cabeza que yo me llamaba Juan. Y así, a la entrada y salida de la tienda, no dejaba de saludarme obsequioso:

–Buenas noches, don Juan.

–Buenas noches, Juan –le contestaba invariablemente, aunque sabía de sobra que su nombre era Francisco, y notaba el efecto desconcertante que le hacía mi equivocación.

Pero eso mismo no dejaba de divertirme y aun de divertir a los empleados guasones de mi tertulia, que, con una lealtad digna de mejor causa, me guardaban el secreto y seguían la broma a costa del infeliz camarero, cuyas torpezas y atolondramientos pugnaban tanto con sus excelentes deseos de sernos grato y servicial.

–Buenas noches, don Juan...

–Buenas noches, Juan.

Hasta que un día, andando el tiempo, el malaventurado Paco, bien porque con la frecuencia del trato adquiera cierta confianza y el valor necesario, bien porque ya el cuerpo –y esto es lo más probable– no le pudiera llevar la repetida tergiversación de su nombre, se sobrepuso a sus respetuosos temores. Y después de saludarme con sus "Buenas noches, don Juan" –y como yo le respondiera, según costumbre, "Buenas noches, Juan"–, se me acercó todo medrosico y, azorado, sudoroso y encendido como un pavo, empezó a tartamudearme:

–Verá usted, don Juan... Yo, yo quisiera decirle a usted una cosa... Que...

–Tú dirás Juan.

–Pues... Sí eso es, que... es que yo no me llamo Juan.

–Ni yo tampoco –le respondí tranquilamente, mientras las carcajadas de la reunión, atenta a la escena, atronaban el colmado viendo el desconcierto y la estupefacción tragicómica que se pintaron en la cara de aquel pobre diablo...

Ya he pedido perdón por venir a contaros estas verdaderas tonterías. Pero es muy cierto que la persistencia en aquel inocente equívoco, mantenida con la seriedad de una obligación semanas enteras; la innocua eutrapelia, que llegó a constituir una penosa obsesión para el embromado..., me transportaban en aquellos momentos a mi siempre añorada Sevilla, desde su amable sucursal madrileña que es la calle de Echegaray...

Tipos del XIX

Un hombre serio

No recuerdo haber conocido jamás –de muchacho– nada tan profundamente cómico como aquello que llamábamos entonces "un hombre serio", una persona seria... Un hombre, más bien, porque ya el mero hecho de lo femenino pugnaba, en cierto modo, con la seriedad.

Un hombre serio podía no ser viejo, pero no había de tener menos de cuarenta.

Bien vestido, pero sin menos elegancia. La elegancia tampoco era seria... Los ademanes, reposados. Silenciosos, por no tener nada que decir. Pero solemne, para sacar el mejor partido de su mutismo. No solía reír, ni mucho menos sonreír, porque no sabía... Saber, en general, no sabía nada de nada. No tenía por común carrera ninguna... Si acaso la de abogado, a condición de no ejercerla... Su ocupación más grave, la de *culotar* pipas de espuma y ámbar, en lo cual ponía el más meticuloso cuidado.

Pensar, tampoco podía decirse que pensara nada. Creía de buena fe que todo estaba perfectamente dispuesto, y cualquier vislumbre de descontento o de protesta le parecía un atentado a su seriedad... La cual no le impedía –a poco que alcanzase cierto bienestar– alhajarse y ostentar algún grueso brillante en el meñique izquierdo, de uña desmesuradamente larga, con la cual quitaba la ceniza al cigarrillo en la forma que mejor pudiera lucir la tumbaga... Pero, en general, solía fumar puros del *estanco* o *peninsulares*, que entonces se decía a los que no eran habanos. El cigarrillo se le antojaba, sin duda, poco serio, a menos de tenerlo sujeto con unas pinzas terminadas en dos manitas de plata, para no ensuciarse los dedos... Tampoco alteraba su seriedad el hecho frecuente de tener una querida, que pronto venía a ser para él como una prolongación de la mujer propia, y con la cual se aburría tanto como con esta última. Se aburría y las aburría... Las mujeres fueron, tal vez, las únicas vengadoras de su seriedad... Tal vez sí... Pero, en la mayoría de los casos, también eran sus víctimas, más o menos resignadas.

El hombre serio no concebía el humor ni el matiz. Para él las cosas eran blancas o negras. Y el que le dijera que también podían ser grises le inspiraba, sencillamente, el mayor de los desprecios... Con los oídos cerrados a toda inquietud espiritual; incapaz de imaginar ni de reconocer nada nuevo, estaba muy bien hallado, en política, con el turno pacífico de los conservadores y liberales en el Poder. Y pertenecía a uno de estos partidos, no por afecto a cualquiera de ellos, sino por enemistad hacia el otro.

No sé por qué regla de tres –pero ello era así invariablemente–, si seguía a Cánovas en política era frascuelista en los toros; partidario de Calvo, de Gayarre, en el teatro, y de Núñez de Arce en la Poesía...

Si pertenecía al partido llamado liberal, de Sagasta, sus ídolos eran, en la plaza, Lagartijo; Vico o Massini, en la escena; Campoamor, en las letras... Este sistema de pares antagónicos agotaba toda su complejidad mental y afectiva... Jamás pensó ni concibió admitir entre ellos un tercero en discordia.

Discordia que a las veces llegaba a la suma violencia, sobre todo cuando enfrentaban en la plaza de toros frascuelistas y lagartijistas... Sólo en tales ocasiones dimitía, tal vez, su formalidad el hombre serio para dar y tomar sendos estacazos con otras tantas personas más o menos serias, pero igualmente encendidas en la afición taurina y su irreducible partidismo...

En resolución, nuestro hombre serio era algo verdaderamente cómico. Su seriedad no era siquiera la del burro. Porque, en fin, el burro trabaja. Y él no hacía más que eso: estar serio.

La calle está recién regada. Un toldo de fuerte lona la resguarda del sol y hace posible la circulación sin peligro inmediato al tabardillo fulminante.

El *tío Frasquito* tiene su puesto de cerillas y periódicos adosado al muro de un viejo caserón, antiguo edificio público, aprovechando una repisa del mismo muro, con el aditamento de una especie de borriquete de pino, que le sirve de mostrador y de escaparate.

El *tío Frasco* no está en su puesto, sino en la acera de enfrente –la calle es estrecha y reservada al solo tránsito de peatones–, charlando amigablemente con el viejo sombrerero, que se sale hasta la puerta de la tienda a dar con sus manos habilísimas los últimos toques al ala de un ancho pavero. En aquellos toques que dan al ala, casi completamente plana, una *mijita de figura* –como dice el maestro–, está toda la gracia, la elegancia y el garbo de aquel sombrero único... Ello no le impide, sin embargo, charlar de lo humano y lo divino –más de lo humano, desde luego– con el *tío Frasquito*. Y si alguien se hubiera permitido aludir a su labor calificándola de *trabajo*, él se habría echado a reír..., o acaso se hubiera enojado, y no del todo sin razón, porque él no era un trabajador, sino un artista, que es –para un sevillano– cosa totalmente distinta.

Por su parte, el *tío Frasquito* tampoco es precisamente un trabajador, ni siquiera un comerciante... Y no pudien-

22

do llamarse artista, porque no hace nada, se acoge a la venta de cerillas y periódicos para mantener –de algo se ha de vivir– su existencia de conversador y de filósofo, a su manera.

Esto da lugar, con frecuencia, a escenas como la siguiente, que yo presencié una tarde del estío sevillano...

Alguien llega al puesto del *tío Frasquito*, busca al dueño con la mirada y, al descubrirlo en la puerta de la sombrerería, le dice:

–Déme usted una caja de fósforos.

–Cójala usted –le responde, tranquilo, *Frasquito*.

Así lo hace el comprador, y sacando una moneda del bolsillo va a dársela al buen *Frasco*.

–Déjela usted ahí –le ataja éste, dirigiéndole al mismo tiempo un gesto de amable despedida.

El marchante deposita su perra sobre un montón de esas que por el mismo procedimiento han ido cayendo sobre los periódicos y cerillas del puesto... Y sigue buenamente su camino.

El *tío Frasquito* reanuda tranquilo su charla con el sombrerero.

La escena es trivial, insignificante..., pero a mí se me antoja que caracteriza a mi Andalucía natal mucho mejor que ciertos cromos de las cajas de pasas o de las panderetas sevillanas.

Feria de Sevilla
Las primeras

Me sirve de mesa para escribir estas líneas una camilla –admirable camilla– construida toda ella con sus propias manos por mi tío bisabolengo don Luis María Durán, prócer ganadero (famosos son en los anales de la fiesta *más nacional* los renombrados toros de Durán, origen de una de las mejores vacadas naturales), rico propietario de grandes latifundios de labor en Extremadura y Andalucía.

Fue don Luis María Durán el hermano –mayor– de mi bisabuela y del ilustre colector del Romancero, historiógrafo y crítico insigne de nuestra Literatura, amén de prosista y aun poeta notable, primer director de la Biblioteca Nacional, académico de la Española..., don Agustín Durán.

Don Luis, en cambio, mucho más rico que sus hermanos, sin duda como mayorazgo, y acaso por la prosperidad de sus ganados y labranzas, no descolló nunca, que yo sepa, en materia de Letras... Su padre, un *esprit fort* de fines del XVIII, médico de la reina María Luisa y de la duquesa de Alba, le había dado, como complemento de una educación esmerada, el oficio de ebanista, y como tal, hizo, por su gusto y para su casa, verdaderas maravillas; entre otras, esta camilla, dechado y *nec plus ultra* de las camillas... Fue, además, y esto del todo *motu proprio*, tan excelente pintor, que sus copias de Murillo, al que era aficionadísimo, podían pasar por originales del incomparable maestro, "sevillanizador de lo divino...". Pero todo ello sin otra idea que la de divertirse y distraer los ocios que, poco más o menos, componían su vida entera, una vida dedicada casi por completo a hacer su gusto y satisfacer sus caprichos, por extraordinarios y costosos que pudieran ser.

Porque este hombre parece que se amaba a sí mismo sobre todas las cosas, y se encontraba naturalmente admirable por muchos conceptos: uno de ellos era, sin duda, la figura, a juzgar por la innumerable colección relicta de sus retratos en pintura, escultura y grabado... Era el buen don Luis, sin embargo de lo que hoy llamamos su egolatría (y acaso fue sólo, ¿por qué no?, lógica consecuencia refleja de su temperamento afectivo), un padre cariñosísimo de sus hijos y un verdadero amante de su esposa, que, recíprocamente, murió adorándolo... Y apena pensar que este hombre, de voluntad virgen y tan mimado de la fortuna y de las mujeres (hasta de la propia), fuera en sus últimos años la víctima de un amor romántico que lo arruinaba de fortuna y de salud; cuando no tan viejo para que la muerte le solucionara naturalmente el conflicto, tampoco era lo bastante joven para esperar de la vida la solución con nuevos amores humanamente creíbles y desinteresados, por mucho que presumiera el paciente... Abandonado y traicionado por la bella ingrata, que le dejó, empero, como fruto y recuerdo de los apasionados días felices, unas bellas hijas, el gran don Luis, herido, al fin, en su salud y, lo que es peor, en su amor propio y confianza de sí mismo..., murió con la suficiente oportunidad para no llegar a la total ruina de fortuna a que con precipitados pasos caminaba...

Que la sombra de mi ilustre y lejano tío no me agradezca este vago retrato a pluma, único procedimiento a que no quiso él, por lo visto, recurrir en vida, acaso porque no fue tanto su deseo el de pasar a la posteridad como el de recrearse en la contemplación de su *vera effigies*, lograda por todos los medios de las artes plásticas... Yo he trazado aquí, a grandes rasgos, esta semibiografía de don Luis María Durán, porque al desorden de esa vida, sin más norma que la real de su gana ni más freno que el del imposible físico, se debió la institución admirable de las casetas en la Feria de Sevilla, por estos mismos días de abril, hace próximamente un siglo...

Una caseta en la Feria es hoy el lujo tradicional de muchas familias principales de Sevilla. Un lujo de primera calidad, muy superior al palco en la ópera, al abono en los toros; notablemente más caro, infinitamente más sabroso. Porque es vivir la Feria y vivir en la Feria. Pero al mismo tiempo es la prolongación de la casa, una extensión del hogar, con tanto de íntimo y de personal. Si una necesidad, medianamente artística, de regularidad y simetría, ha llegado a uniformar las casetas y a alinearlas en las calles al estilo urbanístico y municipal, todavía el decorado y mobiliario interior las diferencia y caracteriza según cada tipo de familia les informa y el gusto de cada propietario les marca. Hay, con todo, en ellas la nota común de la santidad hogareña, de la alegría limpia y sana, incompatible por su clara ostentación con toda ambigüedad viciosa... La caseta es la propia casa –conyugal, paternal, fraterna– dada por unos días al placer y al ensueño de la Feria; a la gloria de la mañana sevillana en el real, relinchante de potros jerezanos; a la tarde, suavemente estremecida de auras deliciosas; a la fantasía de la noche, llena de coplas y danzas encantadas... Vivir la Feria. Y, para ello, vivir en la Feria. Cosa harto simple, que se le ocurrió, parece, por la primera vez a don Luis Durán –labrador, ganadero y artista–, acostumbrado a hacer su santa voluntad en una vida tan honda como inconscientemente romántica. A él le gustaba la Feria –le interesaba, además, como feriante– pero, sobre todo, "le gustaba". Y no pudiendo llevarse la Feria a casa, llevó su casa a la Feria, cuyo ejemplo siguieron luego tantos otros, hasta establecer la amable costumbre.

Revelamos el hecho, porque de estas ocurrencias sencillas y valientes se ha solido sacar al mundo más gusto, y a menudo más provecho, que de los más grandes sistemas filosófico-económico-sociales, muy respetables, por lo demás.

Si con este grato motivo mi noble antepasado merece perdurar en el recuerdo de los buenos por un hecho amable y provechoso para sus contemporáneos y posteriores, forzoso será confesar que lo logró a favor de obra y con la idea –no siempre estérilmente egoísta– de pasarlo, él mismo, lo mejor posible.

I. Estudiantina

Abuchear a los "grullos"...
Chicolear a las mocitas...
Silbar a los "guindillas"...[1]

He aquí –para ejercidas a la puerta de la Universidad, entre clase y clase– las tres actividades más propias y características y más "universitarias" de un estudiante de la Facultad.

Sobre todo en los primeros años... Es decir, cuando apenas salidos del cascarón del Instituto, teníamos el mayor interés en que se nos reconociera ya como entrados en estudios superiores... Lo importante era pasar, al emprender aquella nueva etapa de la vida, por muy hombrecitos. Aunque, a decir verdad, a los señores catedráticos no se lo

---

1. "Grullos", adjetivo de uso en Andalucía. Personas rústicas, palurdos, "catetos". "Chicolear a las mocitas". Chicolear, verbo intransitivo de uso familiar. Decir donaires; piropo o galantería que se dice a las muchachas. "Guindillas", en sentido despectivo y familiar, guardias municipales. (N. de los E.)

parecíamos tanto. Alguno había –como aquel viejo y sabio don José, el profesor de Derecho canónico, invariablemente vestido de levita y sombrero de copa– que nos trataba no como a hijos, sino como a nietos. Y aun nos repartía a menudo ciertos caramelos, almendras y chucherías de que llevaba siempre llenos los bolsillos.

Este buen don José, en cuya familia ilustre parecía, en cierto modo, vinculado el talento, supervivía a un hermano sacerdote, también catedrático, de gran renombre en nuestras letras, y tenía una hermana, décima musa por su gran cultura e inteligencia. Así, él, que era, a la verdad, una eminencia en lo suyo, aunque ya chocheaba un poco, solía apelar a las autoridades fraternas en apoyo de ciertas aseveraciones propias en su clase de "Canónico".

–Esto lo decía mi hermano, lo dice mi hermana y lo digo yo...

Y cuando así hablaba, quedaba cerrada toda discusión... Pero, sevillano al fin, no era nada impermeable al ridículo, y sabía volver por los fueros de la naturalidad y la llaneza cada y cuando le parecía necesario..

A este propósito recuerdo cierta anécdota que amenizó uno de los exámenes presididos por él, como titular de la asignatura... Ya dije que Don José, gran "canonista", era, además, un católico ferventísimo. Y explicando un día su lección, tocante a los Concilios, llegado al de Nicea, exclamó, todo lleno de emoción entusiasta, refiriéndose al Credo:

–El Símbolo de la Fe se redactó en Nicea. ¡Y que vengan, que vengan los protestantes a contradecirnos!, etcétera.

Uno de los alumnos, estudiante de esos que todo lo confían a la memoria y creen además halagar al maestro reproduciendo al pie de la letra sus palabras, repitió en el examen con exactitud de loro la entusiasta afirmación del profesor:

–El Símbolo de la Fe se redactó en Nicea. ¡Y que vengan, que vengan los protestantes...!

–Mira, niño –le interrumpió vivamente don José, entre divertido y mohíno–, que vengan o que no vengan... Pero muy poquito pitorreo...

El pobre lorito se desconcertó entonces de manera que ya no dio pie con bola en todo el resto del examen. Lo cual no impidió que don José lo aprobara, y aun le diera la nota que por su aplicación y buen comportamiento durante el curso pensó que se merecía...

Por lo demás, el viejo y bondadoso maestro llevaba siempre a los exámenes un cuadernito con la calificación que en clase había hecho de sus discípulos. Y el que allí no tenía mala nota podía considerarse aprobado, aunque en la prueba final desbarrase o no abriese la boca.

Y esto salvó a Domingo Galán –que tan alegremente se llamaba "el Perdigón", protagonista de este nuevo y verídico sucedido– del bochornoso y definitivo tercer suspenso en Derecho canónico. Y ello se consiguió de esta suerte, entre las luces de un crepúsculo y a favor de la precaria vista y más escaso oído del viejo y piadoso profesor.

El curso terminaba aquella tarde. Y Galán había milagrosamente escapado de que en todo aquel año le tomasen una sola vez la lección.

Llegaba, pues, al final sin ser, como de costumbre, descalificado. Y no teniendo aquella vez una mala nota en el famoso cuadernillo, estaba ya seguro de aprobar el Canónico... Faltaban apenas cinco minutos para que diese la hora, cuando, de pronto, ¡horror!, el buen don José, dirigiéndose a Domingo, le dijo:

–A ver, el joven Galán, qué puede contarnos de las Bulas Pontificias... ¡Todo estaba perdido!

Porque el joven Galán, con el resto de la asignatura, ignoraba concienzudamente aquello de las Bulas, y ni la de Meco podía ya salvarle... ¡Oh aquel naufragio a la vista del puerto! Todo el mundo estaba consternado...

Pero hete aquí que en este momento empezaron a sonar en la calle las esquilas o cencerros de las vacas de una lechería vecina que volvían, cansinas y lentas, al establo... Galán se dejó caer súbitamente de rodillas, exclamando, con aire compungido, mientras señalaba a la ventana:

–Don José..., ¡el Santísimo!...

–Bueno, hijos míos –dijo entonces el bondadoso anciano–; rezaremos un *Padrenuestro* por el que va a recibirlo, para que Dios le dé lo que más le convenga... Y se ha terminado la clase del presente curso...

Maestro y discípulos rezaron de rodillas la oración dominical... Galán se había salvado en una tabla; ya no tendría una mala nota en el famoso cuadernillo..., aunque para ello hubiera sido absolutamente preciso que no tuviese ninguna.

II. "¿YEVAS YA ER PALO?"

Mi amigo el Blanquito era gitano y picador de toros. Cosa verdaderamente extraordinaria. Porque matadores y banderilleros gitanos ha habido muchos; pero picadores –a pesar de la afición de la raza a los caballos–, muy pocos. Eso de "la caída segura y la cornada probable" –era en tiempos de "toros"– no iba con ellos.

Blanquito había nacido, y seguía viviendo, en la Cava, el extremo barrio trianero, donde los gitanos camparan siempre por sus respetos.

El progreso de los tiempos y el establecimiento allí mismo de un cuartel de la Guardia Civil daban ya, sin embargo, al barrio una fisonomía más banal, al par que más tranquila...De cualquier modo, "donde moras no hagas daño", habían dicho siempre los cañís, y la Cava no dejó de ser nunca una "localidad" mucho más pintoresca que peligrosa.

Blanquito –así llamado porque era completamente negro, más que moreno– vivía de esas mil habilidades que sólo dan de vivir, de mal vivir, a los gitanos. Especialmente, trapicheos de compra y venta de caballerías y composturas y fabricados de objetos metálicos... Pero no tenía fragua propia ni capital para adquirir reservas de ganado. En realidad, a pesar de su estirpe flamenca, él no había nacido tampoco para " el trato" ni para la chispería. Se mantenía, pues, "hueseando" aquí y allá, como perro vagabundo; pasando muchas fatigas y trabajando, en fin, como un verdadero negro, aunque lo disimulaba todo lo posible.

Y entre estas actividades, vagamente suyas, estaba, como digo, la de torear a caballo. Pero no perteneciendo a ninguna cuadrilla determinada; él solía picar, muy de cuando en cuando, casi siempre por la "empresa" de la plaza, y merced a la recomendación de algún gran torero de Triana: Quinito, Montes, Costillares, Bombita –cada vez que hacía falta sustituir a un titular eventualmente descompuesto–, en clase de reserva "entra y sal", como se dice en lengua taurómaca... Esto de "entra y sal" –expresión tan pintoresca como justa– quiere decir: un picador que entra en el ruedo cada vez que los de la "tanda", desazonados por el toro, tardan en recuperar la montura... Y vuelve a salirse al patio, generalmente sin haber llegado a tiempo de actuar, con lo cual suele irse a su casa, terminada la fiesta, sin poner una sola vara... A veces, empero, las cosas no suceden tan bien, y hay que apretarse con el "morlaco", pegajoso y voluntario, que sigue "dando café" sin treguas ni cuartel, a diestro y siniestro.

Algo por este orden dio lugar al suceso que voy a referiros, no porque tenga importancia, interés o novedad alguna, sino porque da, en cierto modo, la medida de la psicología de esta clase de tipos, y revela la humilde verdad a menudo latente bajo una chaquetilla de luces y una gallarda postura de torero.

Fue en la plaza de la Maestranza, de Sevilla... Aquella tarde, Blanquito –picador de "reserva"– había salido resuelto a no picar... No es que Blanquito fuera cobarde. Aunque no las echaba de jaque, tenía su alma en su almario, y por amor de la picara necesidad había realizado en ocasiones proezas de varilarguero y actuao en condiciones inauditamente precarias, entre trágicas y pintorescas.

Una vez le cogió tan desprevenido la contrata para cierta corrida que le proporcionó "Imillo" –como él llamaba al primer Bombita, su protector más decidido–, que a duras penas pudo reunir el "vestío" y los archiperres propios del caso. Y aun hubo alguno que no tuvo manera de desempeñar a tiempo.

Y por dónde fue aquél de esos malos días en que un toro querencioso se le acercó varias veces y en la última le mató el caballo, le derribó por tierra y le propinó tan soberana paliza, que las "asistencias" de la plaza hubieron de recogerlo a puñados y llevárselo a cuestas a la enfermería, medio conmocionado, mientras de la pierna derecha le salía, al parecer, un hilo de sangre.

Ahora bien: aquello no era precisamente un hilo de sangre, sino de polvo de ladrillo, o, mejor dicho, de las tejas que, a manera de hierros, y por falta de éstos, llevaba Blanquito bajo la calzona, y que el toro le había hecho polvo a varetazos. La cosa dio mucho que reír, aunque, al fin, aquello no era tan grave como una cornada..., aunque al buen Blanquito le sentara acaso peor.

Perdón por esta nueva digresión y volvamos a la tarde de mi cuento, el cual, de puro insignificante, está acabado en dos palabras.

Ya se ha dicho que Blanquito estaba decidido a no picar aquel día. Para lo cual se valía de todos los recursos del arte. Llegaba tarde, no acababa nunca de sujetar al caballo para ponerle en suerte, y se apresuraba a irse –de vacío– lo antes posible, con gran risa del público, que le había ya conocido el flaco.

–Este no pica esta tarde...

Pero los dioses lo habían dispuesto de otro modo. El picador de tanda marró la vara y el toro, rebrincando, se arrojó sobre la montura de Blanquito y lo derribó sin darle tiempo a escapar, ni a montar la garrocha, ni siquiera a caer "reunido", como hacen los buenos picadores para no lastimarse demasiado... Nuestro hombre debió de sentir el batacazo más de la cuenta, y, lleno de vengativa furia, se levantó encorajinado, se plantó el castoreño de un puñetazo, se echó el barboquejo y, ayudado por las asistencias, volvió a montar a caballo, gritando al mismo tiempo como un energúmeno, de modo que se oyó en toda la plaza:

–¡Venga "er" palo! ¡Venga "er" palo! ¡Venga "er" palo!

Alzaron los monosabios la garrocha del suelo y se la entregaron entre temerosos y asombrados. Apretóla él fuertemente en su mano derecha. Requirió las bridas con la izquierda, después de estirarse la chaquetilla, y...

En vez de dirigirse al toro, que sin salir del tercio todavía lo desafiaba escarbando la arena y tirando cornadas al aire, emprendió, junto a los tableros, el camino que más podía alejarle de la fiera, dejando al compañero de tanda que se las entendiese con ella. Dios le había tocado, sin duda, en el corazón..., y lo había pensado mejor.

Entonces fue cuando, al llegar en su trotecillo cochinero cerca ya de la puerta de caballos, un espectador del tendido de sol, con voz no menos sonora que la suya y que también se escuchó en todo el coso, le hizo esta amable pregunta:

–¡Blanquito!... ¿"Yevas" ya "er" palo?

Una carcajada realmente homérica fue el único comentario de la hazaña de Blanquito por parte del público sevillano, en su mayoría más aficionado a torear que a ver toros, y que por lo mismo es el más comprensivo y el más benévolo de todos los públicos del mundo... Si que también el más bromista.

La vida es, sin duda, una cosa seria. Y cada vez más... Sobre seria, se ha puesto ahora, en general, bastante triste y fea. Pero en Sevilla se ha rendido siempre un cierto culto a la broma que, si a las veces exagerado, degenera en lo que el flamenco llama "guasa" (es decir, pesadez inepta), que resulta, dentro de límites discretos, verdaderamente grato y útil a la salud del espíritu y aun a la del cuerpo, fatigados por el trabajo y los pesares.

Pero como aquella gente es en el fondo tan seria, el sevillano consagra a veces a la broma un espacio, una asiduidad y una atención dignas de mejor causa. Además, toda la ciudad se complica fácilmente en una de aquellas que duran a lo mejor años enteros, y que –no a lo mejor, sino a lo peor– traen consigo terribles consecuencias... Ejemplo, el famoso librero de la calle de la Mar, que allá por los años mil ochocientos y pico –y cuando esta funesta manía no era todavía universal– había dado en la flor de no hablar más que de política, a quien Sevilla entera llevó la corriente de tal modo, que al cabo de pocos años había dado con él en el manicomio de Miraflores...

A punto estuvo de ocurrir otro tanto a cierto dependiente de una camisería de la calle de las Sierpes... Tenía el joven ese tipo de palurdo afeminado que caracteriza a algunos horteras, y que es algo entre ridículo y repugnante.

Pero el pobre diablo no lo podía remediar, y, a decir verdad, estaba, al parecer, muy contento de ser así.

Ahora bien: había en Sevilla, por los días en que ocurrió esta verídica historia, un gran señor, gran artista y grandísimo burlón, que había tomado por costumbre al pasar por la famosa camisería detenerse un momento ante la puerta y dirigir al hortera en cuestión un gesto, un mohín, una simple mueca, sin añadir palabra, y siguiendo luego tranquilamente su camino. Esto era todo. Pero esto todos los días, indefectiblemente, a las doce en punto de la mañana... Y no habían pasado tres semanas sin que el infeliz mancebo se pusiera tan excitado, tan nervioso, tan fuera de sí, esperando la inexorable mueca de las doce, que mucho antes de las doce ya empezaba el pobre a desatinar y a exasperarse y a no dar pie con bola en el despacho de la tienda, mirando una y otra vez a la calle, loco de ansiedad, con gran extrañeza de los parroquianos y tal cual rapapolvo del amo del establecimiento... Y, en efecto, al dar las doce, el caballero se presentaba invariablemente en la puerta, le hacía el mohín de ordenanza y seguía calle abajo como si tal cosa... El joven hortera llegaba en ese momento –todo desemblantado y sudoroso, aunque hiciera frío– al colmo de la excitación, casi a la locura, aunque luego se serenaba, sabiendo bien que ya no tenía nada que temer... hasta el día siguiente, a la misma hora. Por su parte, don José, que así se llamaba el caballero de mi cuento –y no consigno el apellido porque tiene aun descendientes muy directos y conocidos en Sevilla–, había tomado tan en serio la pesada broma, que desde dondequiera que estuviese y cualesquiera que fuesen los asuntos en que se hallara ocupado, todo lo plantaba con el tiempo justo para llegar a la hora fija a hacer la acostumbrada mueca al desesperado dependiente.

Y así los días y las semanas y los meses, hasta que de la noche a la mañana el malhadado hortera desapareció de la tienda y no se ha vuelto a saber más de él en la ciudad del Betis.

Algún incrédulo dirá que parece imposible que el muchacho no saltara indignado a la garganta del burlador. Nada de extraño, por el contrario. Él sabía muy bien con quién tenía que habérselas: un hombre ilustre, una alta posición económica, unas fuerzas hercúleas y una bien sentada reputación de militar valiente, aunque a la sazón retirado del servicio, para vacar –válgame Dios– a cosas como aquéllas.

Ya quiso el chico ampararse de su principal, el dueño de la tienda, contra los mohines de don José. Pero el amo –después de oírle, socarrón, cuanto él quiso decirle, punto menos que llorando de rabia– lo miró de arriba abajo, se echó a reír y le volvió las espaldas.

¿Cómo no se quitaba de en medio –preguntará otro– al llegar la hora consabida?... ¡Ay!, amigo, ¿y quién penetra el corazón humano de un hortera entre palurdo y afeminado?... Acaso no podía él ya vivir sin aquella mueca que llegó a ser su pesadilla de noche y de día...

En resolución, que la de marcharse de Sevilla no fue acaso la menos prudente, lógica y oportuna de cuantas haya podido tomar en su vida aquel pobre diablo.

IV. Si esto no pasa en Sevilla

Son las diez de una mañana de abril en Sevilla... A los que saben lo que es esto por experiencia propia, toda descripción les parecerá pálida. A los que no saben no hay medio de darles una idea siquiera aproximada. Nos atendremos, pues, a la mera acotación de teatro: "Sevilla, abril, a las diez de la mañana" Y el que sabe, recuerde. El que no sabe, imagine... De todos modos, una cosa muy alegre.

En la plaza nueva de San Fernando, esquina a la calle de Tintores, estaciona una jardinera flamante –la *manola nueva* de que habla la copla–, con sus asientos forrados de ante y su acharolado toldo para resguardar del ardor solar...

Cuatro preciosas jacas tordas, de finos remos, descarnadas de cara, las colas trenzadas con cordones de seda rojos, lucientes de pelo y crines, piafan impacientes, con gran bulla de cascabeles, arreadas a la jerezana.

Dos chiquillas encantadoras, deliciosamente rubias y esbeltas, de quince a veinte años, y un señor como de cincuenta, de tipo inconfundiblemente inglés, atraviesan la plaza y se detienen junto al coche. Se detienen...; es decir, que el que se detiene es el señor mayor. Porque las muchachas trepan ágilmente a la jardinera y, saltando de alegría en sus asientos, empiezan a batir palmas, como llamando al cochero.

De un grupo de bebedores que *chatean* a la puerta del colmado se destaca un mocito bien *plantao*, rigurosamente vestido de corto: pantalón de talle, chaquetilla con alamares plateados, bota enteriza, faja de seda y sombrero ancho color flor de romero, con su gasa flamenca... Detiénese un momento ante el coche, ocupado ya por los extranjeros. Y luego, saltando ágilmente al pescante y tocándose respetuosamente el ala del cordobés, se inclina como pidiendo órdenes.

–Feria...

–Orilla del río...

Son las palabras que logra discernir de los labios de las muchachas. Y, requiriendo con *profesional* soltura las bridas de cuero nuevo y flamante hebillaje, restalla en el aire el fino látigo y parte alegremente hacia la Puerta de Jerez, camino de la Feria.

Una vez en la Feria, el amable auriga, sin necesidad de nuevas indicaciones, pasea su preciosa carga –las inglesitas son encantadoras y alegres como pajarillos matinales– por todos los lugares donde cabe el coche, desde el mercado de ganados a la avenida de las casetas, despertando la admiración entusiasta de todo el ferial. El buen inglés y sus hijas son todo ojos para aquel espectáculo magnífico y parecen respirar a pleno pulmón la alegría y el aire y el sol sevillanos...

Cuando el cochero juzga que ya han podido verlo todo, y como el calor empieza a apretar, echándose a las cejas el ala de su flamante sombrero, se sale bonitamente del real de la Feria y emprende, al trote campanillero de sus preciosas jacas, el luminoso camino de la orilla del río hasta la Palmera, y más allá, a parar ante la famosa venta de Eritaña...

Consulta el inglés su indefectible *Baedeker* y desciende de la jardinera por el estribo que el solícito automedonte desdobla obsequioso y que las *girls* se saltan alegremente...

Del mostrador, instalado a la izquierda del amplio zaguán, se destacan dos camareros, con sus guayaberas blancas...

Penetran todos en el jardín, y los ingleses se instalan en uno de los comedores, cuyo ramaje –como un encaje de sombra– filtra abundante la claridad del día en pleno triunfo, pero defiende bien de los rayos de un sol demasiado esplendente.

–¡Manzanilla, manzanilla! –gritan las muchachas, palmoteando para que acuda el servicio... Palmoteo y llamadas superfluos, porque ya están allí los mozos con una docena de cañas, en su brillante cañero de metal, y muchos platillos de jamón serrano, aceitunas sevillanas y mariscos variados...

El cochero se ha esfumado, prudente y respetuoso. Se le ve de lejos sostener con las muchachas del mostrador animado diálogo y trasegar, a su vez, los correspondientes *chatos*....

Pasada apenas media hora, el inglés y sus hijas –algo alegritos con la manzanilla y totalmente ebrios del aire y la luz de aquel abril sevillano– abandonan el cenador y se dirigen a la salida, pidiendo la nota.

–No es nada –responde el que parece el jefe de los camareros, inclinándose respetuosamente en una reverencia no exenta de garbosa distinción–. Todo está pagado.

–¡Ah! Pero ¿quién? ¿Cómo?

–No sabemos... Esa orden nos dio el jefe.

El caballero inglés se acerca entonces al mostrador y trata, en vano, de poner en claro lo sucedido... Hasta que al fin, entre divertido y mohíno, y pensando que acaso todo aquello sea obra del cochero para ponerlo luego en su cuenta, vuelve a tomar el *break* con sus hijas.

Pronto se alejan de las rondas del río, y el coche vuelve a penetrar en el casco de la capital, como en una caja de resonancia... El tole-tole de las cuatro jacas, el tintineo de las campanillas, el ruido de las ruedas sobre el adoquinado, la garrulería del gentío, el aliento de la ciudad recibido en plena cara, con una vaharada de los olores más dispares –el pescado frito, los naranjos en flor–, acaban de despertar a mis buenos ingleses de la especie de ensueño que para ellos ha sido aquel delicioso paseo.

Detiénese el coche ante uno de los más famosos hoteles de Sevilla... El maître, que con varios camareros se hallan a la puerta, saluda respetuosamente a los recién llegados, sin exceptuar al cochero, para quién son las más profundas genuflexiones, juntas con las señales de admiración ante el coche y su atalaje.

–Estamos tan contentos de sus servicios –dice el *gentleman* al joven auriga–, que le pedimos nos lo reserve para los cuatro o cinco días que aún quedaremos en Sevilla. Ponga el precio que quiera y venga a recogernos ya esta tarde.

Ahora díganos qué le debemos..., incluyendo el *lunch* de la venta, que sin duda usted ha pagado.

El joven se echa a reír alegremente y responde:

–La verdad, señor, es que yo no soy cochero, aunque ya ha visto que procuro desempeñar bien ese cometido y que no me aflige guiar cuatro buenas jacas... El coche es mío y uno de los que me sirven para ir y venir a una finquilla que tengo en el camino de Dos Hermanas, donde he de volver ahora mismo para no regresar en unos días... Sin duda por el sitio que ocupaba en la plaza ustedes creyeron que la jardinera se alquilaba... Y yo, al ver la alegría y la ilusión con que estas amables señoritas la habían tomado, no me hubiese perdonado nunca el desengañarlas y obligarlas a apearse... Me he dado el gusto de pasear a usted por el real de la Feria y la orilla del río, conforme con sus deseos, y con ello me considero suficientísimamente pagado... Adiós, señor. Adiós, señoritas...

Y estrechando la mano que el inglés, asombrado, le tiende, y haciendo a las muchachas uno de esos saludos que convierten en una reina a una mujer cualquiera, el joven requiere las flamantes bridas y se aleja al trote de sus garbosas jacas hasta el fin de la calle, hasta desaparecer por un transversal que sale a la Puerta de Triana.

–Pero ¿ustedes no sabían –decía a la familia inglesa el camarero que les servía en el amplio y fresco comedor del hotel– que el señorito del coche era don –aquí un nombre conocidísimo en Sevilla y aun en toda Andalucía–, que tiene los mejores cortijos de la provincia y los caballos mejor criados de España?... Un señorito, un gran señor...

–Y no le ha importado nada pasar por un humilde cochero –exclama una de las niñas.

Pero su padre la ataja:

–No; por eso mismo, porque es un gran señor, no le ha importado nada.

V. Pequeña historia de un cante grande

A fines del siglo XVIII floreció en Jerez –providísima tierra del arte y artistas populares– tío Luis el de la Juliana, que fue el primer gran *cantaor* de flamenco de que hacemos memoria.

De cualquier modo, tengo para mí que, en general, los orígenes del cante popular andaluz, y especialmente del cante grande, del cante hondo, gitano o flamenco, son bastante oscuros y sería muy difícil *localizar*, como ahora se dice, el primer grupo de *cañís* que, llegada la noche y acabado el trabajo en la fragua, se sentó en torno de una lata de aguardiente y empezó a cantarle seguiriyas a trago por copla.

Lo que ya podemos considerar como histórico en esta materia: el desarrollo de los cantes y bailes flamencos desde que aparecen los primeros nombres de artistas de este linaje hasta nuestros días, podríamos dividirlo en tres etapas o edades, jalonadas por los más *ilustres* y representantes de esos nombres.

Sería la primera la que va del último tercio del XVIII hasta bien entrado el XIX con tío Luís el de la Juliana, gran *cantaor* general; es decir, que lo cantaba todo, desde la misteriosa y gitana debía hasta el serrano fandanguillo corto de Alonso...

Rigurosamente coetáneos del hijo de la Juliana, o sus sucesores inmediatos, fueron tío Luis el *Cautivo*, tía María la *Jaca*, Vicente y Juan Macarrón, tío Corro, José y Juan Cantoral, Luis Jesús, Juan de Vargas, *cantaores* igualmente generales; los *seguiriyeros* Juan Bernal, Curro Casado, Luis de Rueda, Cuadrillero... Ellos nos traen a través del primer tercio del pasado siglo, hasta el momento cumbre en que aparece el *Fillo*, y con él pasa a su segunda etapa nuestra Historia del Cante.

Francisco Ortega Vargas, conocido por el *Fillo*, ha sido, sin duda, el más famoso de los *cantaores* de todos los tiempos, y el suyo, la edad de oro del cante flamenco. Tenía el *Fillo*, parece, una voz ronquilla o, por mejor decir, afilada, que así, de su nombre dio en llamarse, y aún se llama, a este género de voz. A pesar de lo cual nadie *dijo* como él una soleá, una seguiriya o playera, una serrana, un polo, una caña, una policaña, una liviana ni una *toná* grande. Con el *Fillo* convivieron y cantaron, aunque sin llegarle nunca, artistas tan notables como sus hermanos Curro Pabla y Juan Encueros, Juan de Dios, Perico Piña, el *Planeta*, Juana la *Sandita*, Pepa la *Bochoca*, la Lola –"la Lola se va a los puertos./La isla se queda sola"–, y entre muchos más, y sobre todos, la celebérrima Andonda, que no se paraba en chiquitas para denostar, siquiera fuese en broma, a su afortunado rival:

La Andonda le dijo al *Fillo*:
"Anda, vete, gallo bronco,
a cantarle a los chiquillos..."

La tercera época de la historia del cante hondo la llena toda el nombre ilustre del señor Silverio... Silverio Franconetti Aguilar, *cantaor* también generalísimo, pero inimitable en el más hondo de los cantes: las seguiriyas gitanas. Para terminar estas notas, ya más dilatadas de lo propuesto, os referiré un suceso que prueba hasta qué punto el prestigio de Silverio fue único, inigualable... e inconfundible.

Allá por el año de 1864 hacía más de diez años que Silverio Franconetti –señor Silverio, como ya empezaba a llamársele por respeto a su persona y a su arte– faltaba en Sevilla... Amores o ambiciones le llevaron a América, a nuestra América, y allí fue, en la paz, picador de toros, y soldado en la guerra, que le vahó, en el Uruguay, el grado de oficial. En Sevilla se le dio por muerto y se olvidó su persona, pero no su cante maravilloso, que en vano trataban de remedar los *cantaores* en boga.

Y una buena noche, en el famoso café-cantante, se presentó un cabañero todavía joven, con bien cuidada y atusada barba negra, pero ya empezando a canear por las sienes, bien vestido y alhajado con larga cadena de dos vueltas al pecho y brillantes sortijas en los dedos. Pidió una buena botella de jerez y convidó a los artistas del tablado flamenco, los cuales, a requerimiento suyo, una vez terminada la función para el público, se quedaron a cantar y bañar exclusivamente para el rico indiano desconocido, un tanto pesarosos del descanso que perdían, pero bien seguros de cobrar largamente la vigilia. De tal modo le veían gastar sin contarlas sus buenas peluconas.

Metióse el palo en candela, como suele decirse, y la noche en vino, y al cabo surgió lo que ya se temían los artistas y estaban dispuestos a tolerar, claro es, pero solamente a peso de oro. Y fue que al *payo de los parneses* se le antojó, ya de madrugada, echar su cuarto a espadas en materia de cante y pidió al *tocaor* de guitarra que le acompañase nada menos que unas seguiriyas gitanas. Miránronse unos a otros los flamencos, diéronse del codo y dispusiéronse, pues no había otro remedio, a echar un rato de *chuflas* a costa del atrevido, pero bien fardado parroquiano.

Mas apenas hizo éste las salidas de las seguirillas, la escena había cambiado totalmente. El sueño, el cansancio, las ganas de reír y de burlarse desaparecieron como por ensalmo: la admiración más humilde, la devoción más entusiasta se pintó en los semblantes. Transportados a un mundo superior y pendientes de los labios del desconocido, los hombres seguían, en un silencio de asombro, las modulaciones de aquella voz.

Las mujeres lloraban...

Y cuando el señorito aquel acabó la copla, la clásica *seguiriya* del maestro, brava y tremenda, que reza:

La malita lengua
que de mí murmura
yo la cogiera por en medio en medio,
la dejara muda.

–¡Alto! –exclamó la vieja bailarina que de peor gana se había resignado a oír al intruso

–Ese cante no hay en el mundo más que una persona que lo *diga*. Y esa persona...

–¿Qué?... –preguntó el desconocido, sonriendo.

–...esa persona es usted, ¡señor Silverio! ¡El señor Silverio! ¡El señor Silverio ha vuelto a Sevilla! La noticia corrió como la pólvora... Pero aquella misma noche, hasta el alba, Silverio había cantado todo su repertorio de *seguiriyas*, *tonás* y *serranas* como tal vez no volvió a cantarlo en la vida.

VI. Las tres "barbaridades" del tío Pepe

Mi tío Pepe era tonto... Era el tonto titular de la familia. Una meningitis, sufrida de niño, había dejado sobre poco más o menos en la niñez el desarrollo de sus facultades mentales. Y había alejado de su vida todo sufrimiento espiritual. Tío Pepe era tonto.

Y como todos los tontos, filosofaba.

Esto no quiere decir nada contra los filósofos. Ni contra los tontos. También lo estilan los más poderosos talentos... Y en cuanto a los tontos, acaso no sea la de filosofar la mayor de sus tonterías.

Aunque, en verdad, las tonterías no suelen hacerlas los tontos. Ellos se limitan, por lo general, a decirlas. El hacerlas queda, por lo común, para los hombres superiores, los más inteligentes. Y aun para los llamados listos, categoría intermedia entre la inteligencia y la picardía.

Sea de ello lo que quiera, el tío Pepe filosofaba.

Solía él decir que en el mundo –para él, España, y especialmente Sevilla, de donde no salió apenas– había tres grandes *barbaridades*. (No decía él grandes ni chicas, acaso las consideraba únicas.) Tres barbaridades, a saber: la guerra, los toros y el matrimonio.

La conexión entre las dos últimas, si se hubiera tratado de un pillín más o menos chusco, era barata y fácil de establecer. Pero la guerra... no se comprende, a primera vista, qué clase de relaciones guardaba con las otras dos, y sobre todo con el matrimonio... En todo caso, él no se había casado nunca. No era, aunque sevillano, aficionado a los toros. Y de ir a la guerra le libró siempre su reconocida idiotez. Impugnaba, pues, sus tres *barbaridades* predicando con el ejemplo.

Acaso sea la mayor de las insensateces la de buscar una explicación satisfactoria a las cerebraciones –llamémoslas así– de un pobre insensato. Pero puesto a ello...

Sin duda que su detestación de la guerra, de esta matanza colectiva tan superflua como ineficaz –porque siempre se ha de acabar por donde debiera empezarse; esto es, entendiéndose de palabra–, no necesita demasiadas exégesis. La guerra es, sin duda, una *barbaridad* que Dios consiente para castigo de la humanidad.

En cuanto a la fiesta llamada nacional, fiesta de toros, el calificativo de barbaridad parece excesivo, y parte de una mente simplista que no penetra el hondo secreto de la tauromaquia, fundado en burlar con gracia la muerte, y que prescinde de todo el prestigio de arte, de colorido y de belleza para no ver sino el aspecto cruel y sí *bárbaro* –podríamos decir– de la fiesta.

En lo relativo al matrimonio, sin embargo, cuesta más trabajo y el penetrar por qué lo llamaba barbaridad el tío Pepe y cómo lo asimilaba a las dos grandes barbaridades precitadas.

Y el análisis del asunto nos llevaría tal vez demasiado lejos...

Aunque el fondo de la cuestión esté acaso en que, hombre moral y religioso, el tío Pepe, a pesar de todo, consideraba el matrimonio como la única fábrica posible de hombres y mujeres; es decir, de conservadora y prosperadora de una Humanidad que a él se le antojaba ya bastante lamentable, como habiendo encontrado el medio de ser más astuta que malvada...

¡Que ya es encontrar!

No sólo los tontos filosofan.

Todavía no se ha puesto en mi memoria el sol de aquella siesta sevillana. Cada vez que evoco ese momento de mi vida –ya tan lejano–, la imaginación me lo representa envuelto en la misma luz abrasadora, triunfante, implacable... Son las tres de la tarde. En Triana, a primero de junio. Yo tengo veinte años... Estamos en época de exámenes y vengo de la Universidad. Vuelvo a mi casa, es decir, a casa de mi abuela materna, donde vivo hace un año, mientras curso mi carrera de Filosofía y Letras en la Facultad de Sevilla... Por cierto que cuando llegué de Madrid, mi buena abuela, que tendría por entonces unos sesenta años, me preguntaba, entre asombrada y compungida:

–Pero ¿es que tú vas a ir todos los días a Sevilla, hijo mío?

–Sí, abuela –le respondí sonriendo.

–Pero ¿todos los días?

–Todos los días dos o tres veces.

Abuela Isabel me miró con una ternura infinita, a la que me pareció no ser ajeno un vago temor por la integridad de mis facultades mentales...

Ir de Triana a Sevilla no implica otra cosa que pasar el puente.

Desde aquella casita de la calle de Vázquez de Leca a la Universidad la distancia vendría a ser poco más del kilómetro, que se mide en Madrid de la Puerta del Sol a Cibeles... Pero aquella buena señora no había pasado el puente arriba de una docena de veces –las más de ellas en coche– durante toda su vida, y pensaba que para realizar a diario aquella *locura* era preciso..., pues..., eso es, no andar muy bien de la cabeza.

Venía yo, en fin, aquella tarde –como digo– de la Universidad por la calle Larga, solitaria y abrasada de sol, y traía en el bolsillo las brillantes calificaciones de mis últimos exámenes... Aquellas tres papeletas y una carta de mi novia constituían todo mi tesoro documental.

Y venía a buen paso, ágil y fuerte, pisando de talón –a lo valiente, que dicen por allá–, bien vestido y mejor tocado con sombrero ancho flor de romero, con su gasa flamenca y su ala casi completamente plana y un tanto agachada hacia adelante..., cuando reparé que, desde la acera de enfrente, al abrigo de un portalón con tejadillo volado, y sentado en el umbral, un viejo mendigo, pintorescamente harapiento, tenía fijos en mí unos ojuelos vivarachos y relucientes, con fulgores dorados y rojos, redondos ojos gatunos, semejantes a los oros de las barajas antiguas. La mal rapada barba rebozada a trechos, blancuzca; su cara arrugadísima, avellanada y enjuta. Un mechón de cabellos grises le caía sobre la frente angosta. El sol, del que apenas le resguardaba la cabeza el tejadillo. del dintel, parecía recrearse en la abigarrada miseria de los trapos que mal cubrían su cuerpo esquelético...

Al emparejar con él, desde la acera de enfrente, casi a la altura de Santa Ana, próximo ya a volver la esquina de Vázquez de Leca, sin dirigir a mí sus palabras, pero sin quitarme de encima aquellos ojos extraordinarios, exclamó con una voz inolvidable:

–¡*Tóo s'acaba!*

Yo seguí mi camino sin hacerle el menor caso, y volví rápidamente la esquina en demanda de mi casa. La fuente del patio, rodeada de flores, parecía darme la bienvenida, parloteando gárrula como en una comedia de los Quintero...

Pero la voz del mendigo, flotando en aquel aire abrasado como el doble de una campana funeral, se quedó para siempre en mi oído: *Tóo s'acaba.*

Y sin embargo, no... No era una maldición la que el viejo me echaba. Su inesperado *De profundis*, lanzado al sol de aquella hora dorada y ardiente, era más bien una advertencia, un aviso de la dura experiencia de la vida; provocado por la involuntaria pero insoportable petulancia de tanta juventud y tanta alegría como yo iba derramando...

Aquel hombre había sido también joven, acaso amable –la corrección de sus facciones, aun decrépitas, autorizaba a suponerlo–. Tal vez un día, feliz, rico, amado... Y ahora, en la total ruina de la ancianidad y la miseria, el viejo mendigo, al contemplar en mí la ostentación casi agresiva de todo aquello que la vida le había ido arrebatando –o que quizá no le dio nunca–, no pudo menos de gritarme la terrible lección de su experiencia dolorida y desesperada.

Su palabra terrible no apuntaba únicamente a mí. Con su profundo fatalismo andaluz, entre senequista y moruno, pretendía alcanzar a todo lo que –verde o joven– se entregaba confiado a la vida o parecía simplemente vivir sin pensar en el ocaso…, empezando por el mismo sol que iluminaba nuestras dos figuras solas aquella tarde de junio en la calle Larga del barrio de Triana.

Esta vieja estampa de mi vida, indeleblemente impresa en mi memoria, forma sin duda, muy violento contraste con el radiante cuadro abrileño de la Sevilla en ferias; pero no es por eso menos real ni menos humana…, ni menos sevillana.

VIII. "SEBÁ TOSTÁ"

Sí. No hay duda que el mejor castellano, el más rico y sabroso castellano del mundo, se habla en Andalucía y, sobre todo, en Sevilla, única verdadera capital del Imperio entre las españolas.

Cierto que, como decía aquel mi amigo, sevillano integral, a los que le reprochaban conocidos defectos en la pronunciación, nosotros, los andaluces, "hablamos el español sin las dificultades propias del idioma". Claro que él no decía dificultades, sino *dificultaes*... Para predicar con el ejemplo.

Ahora bien: este pronunciar el castellano sin las *dificultaes* propias del idioma da lugar a mucho *quid pro quo*, tal vez molesto y perjudicial; pero, las más de ellas, divertido y gracioso...

Yo he llegado a uno de ellos, que luego ha llegado a popularizarse y adquirir visos de fábula propia para pasar el rato y provocar la risa, pero de cuya autenticidad puedo responder, porque repito, tuvo lugar en mi presencia...

Era en los días –ni del todo pasados ni tan recientes, empero, como pudiera creerse– del mayor auge de los sustitutivos, *ersatz*, que decían los alemanes, maestros en este linaje de mixtificaciones... Particularmente el café, que en cualquier parte se despachaba, solía tener absolutamente de todo menos de café. Lo más frecuente –y también lo más inofensivo y asimilable– era sustituirlo con la llamada malta, a base de la cebada torrefactada y molida, mezclada a alguna otra sustancia menos confortable e innocua...

Y... Estaba yo aquella mañana desayunando en uno de los cafés más céntricos de Sevilla cuando vino a ocupar la mesa inmediata a la mía un ciudadano que, si a la legua mostraba no ser del país, no dejaba, en tipo y acento, de revelarse español y castellano por añadidura. Sentóse bien sentado, sacó su periódico, y dirigiéndose al camarero –que acudía solícito a servirle y limpiaba ya sobre limpio el limpio velador de mármol rodeado de brillante aro metálico– le preguntó, entre severo y confidencial:

–¿Tienen ustedes café?

–*Sebá tostá*

Por la respuesta del mozo, el buen hombre entendió, sin duda, que el café se iba a tostar en aquel momento.

Y aunque el hecho no dejó de extrañarle, y aun de contrariarle por la consiguiente demora, acaso porque pensó en las excelencias de un café recién tostado, y de seguro que no tendría mucho que hacer de momento en otra parte, respondió, abriendo el periódico y disponiéndose a emprender paciente su lectura:

–Bueno ... Pues me esperaré... Por más que –añadió, dubitativo y casi arrepentido ya de su conformidad– eso será largo y tardará mucho en venir el café.

–¡Qué disparate!... Ahora mismito se lo traigo.

–Pues ¿no decía usted que se iba a tostar?

–¡Ay, no, señor! Lo que yo le he dicho a usté es que *sebá tostá*. Usté me ha preguntado francamente si teníamos café. Y yo, con igual franqueza, y porque aquí no se engaña a nadie, le respondí que lo que tenemos es *sebá tostá* –y haciendo un violento esfuerzo para devolver las letras que se había comido y silabeando ahora con verdadero furor, recalcó–: ¡Ce-ba-da tosta-da!

Y al ver la cara, entre desconfiada y zumbona, que se le ponía al parroquiano, el camarero, pensando acaso que su lealtad no era bastante agradecida, añadió, un tanto mohíno:

–Pues ya sabe usté que en *tóa* Sevilla no le darán a usté otra cosa, aunque le digan lo contrario.

En otros casos, equívocos de esta índole, casi puramente fonética, pudieran tener consecuencias más serias. En realidad, el hecho de que el café fuera cebada tostada no tenía mayor trascendencia. Ni siquiera una gran novedad. Como tampoco la tiene el que las expresiones "cebada tostada" y "se va a tostar" suenen casi exactamente lo mismo en el dulce castellano andaluz; es decir, en el español hablado sin las "dificultades" propias del idioma.

IX. El último guapo

Pues ya sabe usted, compadre, que si Triana es el barrio de los toreros, la Carretería es el barrio de los guapos...

El que así hablaba, hombre como de sesenta años, avellanado y cenceño, tenía puesta una mano en el hombro de su interlocutor y le miraba de arriba abajo, entre retador y afectuoso. Pero el otro le contestaba, socarrón:

–Eso habrá sío en otro tiempo, compare... Porque ahora ya no hay guapos en Sevilla.

–¿Y quién ha dicho eso?

–Eso lo digo yo, y lo dice todo el mundo. Y usted lo sabe, lo aprende usted ahora, ¡y chanfli!...

La escena ocurría a la entrada del puente, junto a la baranda que da sobre el Baratillo.

Los dos compadres, tonelero el uno y zapatero el otro, habían libado copiosamente en una taberna de la Puerta de Triana. Esta era ya en ellos costumbre inveterada, como asimismo la de despedirse en aquel sitio, poniendo entre los dos el puente, porque el tonelero, José Ramón, vivía en la orilla izquierda, y el zapatero, José Manuel, en la derecha.

Y era también fama que, llegado aquel momento de la despedida, cualquiera de los dos compadres acostumbraba poner, como se dice, "sobre el tapete" alguna discusión de largo metraje y que había de zanjar antes de la separación...

Con lo cual ésta se dilataba, la sed reaparecía y la necesidad de nuevas libaciones obligaba a los amigotes a quedarse los dos en Sevilla o a pasar juntos a Triana y a dar con sus cuerpos, ya en los colmados de la Marina –y aun de los caracoles del Compás de la Laguna–, ya en la famosa taberna Honda, o en la esquina de Berrinches, que flanqueaban la entrada de la famosa y trianerísima calle de San Jacinto.

Así, en aquel anochecer de mi cuento, los dos Josés hubieron de atravesar como desafiados el puente, y ya en la orilla derecha, pasado de Altozano, se hallaron en plenos dominios de Berrinches y de su colega el de la Honda, vecino a su vez del notable barbero Ramos, de quien se dice sirvió a los Quintero de modelo para su célebre *Padrino del nene*...

Por encontrar a Ramos en la taberna Honda se deslizaron en ella nuestros compadres. Ramos, padrino siempre de algún torerillo incipiente y "sacadulas" universal de todo aquel coro manzanillero de la "bajada del puente", contestó a las dos preguntas que se le dirigieron, de modo que podía contentar a ambos y a ninguno de los consultantes. Y así, declaró, con el tonelero, que si Triana era, en efecto, por entonces el barrio de los toreros (brillaban en aquellos días en el zodiaco taurino Antonio Montes, los hermanos Bomba y alboreaba el gran Belmonte), la Carretería había sido siempre el más notable plantel y más rico venero de la guapeza... Y, a renglón seguido, convino el zapatero que el tipo del guapo, matón o baratero había casi desaparecido de Sevilla con las casas de juego.

–Y digo casi –añadió, filosófico–, porque, de Pascuas a Ramos, todavía no falta un loco creído en que se puede vivir de valiente... Pero éste no tarda en encontrar la horma de su zapato y desaparece pronto. Sabido es, además, que los valientes y el buen vino duran poco.

–¡Niño, a *espachá*! –grita José Manuel, dando un fuerte bastonazo sobre el sólido mostrador de roble, que, como por ensalmo, se corona de chatos de manzanilla. (Y aquel florecimiento se repetirá ya, seguro, tantas veces, por lo menos, como individuos componen la tertulia del respetable maestro barbero.)

–No, no hay ya verdaderos guapos en Sevilla –continúa aquél, aferrado al tema que los dos compadres han sometido a su acreditada sabiduría–. Los últimos fueron Antoñito Romero y Paco Limones.

–Gran persona Antonio Romero –dijo uno de la reunión.

–Gran persona –corroboró el barbero.

–Un muchacho fino y simpático, que parecía un alfeñique y era todo él de acero pulido. Este parecer suyo, delicado y endeble, le proporcionó, por cierto, algunos percances graciosos...

Uno de ellos le ocurrió en esta misma casa, cierta noche en que él estaba solo, sentado junto a ese velador... Yo les quitaba la espuma a unos chatos, con varios amigos, en aquel rincón, y... todavía me río recordando la escena... Tres señoritos de Sevilla, muy metidos en vino, por no decir que borrachos perdidos, llegaron al mostrador pidiendo unas cañas de la "*Pastora*" y queriendo convidar a todo el mundo. Antonio, que conocía el percal, aceptó un chato y les mandó a su vez una ronda. Pero se negó a tomar el segundo. Siguieron aquí palabras y *rentoys*, que Antonio aguantó con su santa calma, hasta que uno de los caballeretes aquellos, el más cargado y el más chocante, le dijo queriendo divertirse con él:

–Y, además, va usted a tener que desafiarse conmigo. Y para eso es preciso que yo sepa su nombre. Aquí está el mío –y le entregó una cartulina con su nombre y título nobiliarios–. Venga la de usted.

–No tengo aquí ninguna –respondió Antonio, sonriendo–. Pero por eso no ha de quedar.

Y escribiendo con lápiz su nombre y señas en la tapa del velador, que era de mármol blanco y tenía más de media vara en cuadro, la cogió con dos de aquellos dedos que parecían tenazas de hierro, y se la ofreció al señoritingo como si fuera una tarjeta de visita... Excuso decirles a ustedes que al marquesito se le pasó la borrachera y que todos nos quedamos mudos de asombro al ver la facilidad con que Antonio levantaba el mármol, como si fuera una pluma.

—¿Y qué ocurrió luego? —preguntó uno de la tertulia.

—¿Qué quería usted que ocurriera, alma mía? Que todos se hicieron amigos, y sobre todos cayó una chaparrá de copas de vino. Y que a nadie se le ocurrió más volver a *tentar* a Antonio Romero.

—Pero ¿cómo acabó Antoñito?

—Muy malamente, que fue un dolor, porque él no se mereció aquello. Ni lo buscó... Pero *Limones* era también valiente. Pero a Romero le guardaba las distancias, porque le conocía y le tenía en mijita de cuidao... Con todo, los malos consejos del vino, o quizá de la hambre, que es la peor consejera... Ello fue que a Paco se le metió en la chola disputarle a Antonio el destino que tenía en una casa de juego del callejón de Rivero... Y una noche, después de hartase de vino para hacer coraje, se presentó en la chirlata a cobrar el barato. Antonio le salió al paso, y, no pudiendo arreglarlo por las buenas, tuvo que echarlo a la calle a empellones... Paco salió jurándoselas, y ya de madrugada, cuando Antonio se retiraba del *trabajo*, se le acercó, empuñando un revólver, y le dijo:

–Defiéndete, porque vengo a matarte.

–Pues ya puedes empezar a tirar, y si no me aciertas bien, encomiéndate a Dios –respondió Antoñito sin inmutarse–.

–¡Niño, danos vino!... Siga usted, siga usted, maestro.

–*Limones* viendo la imperdible, le arrimó candela con el revólver y le descerrajó los cuatro tiros que tenía. Antonio, a cada disparo, no hacía más que tocarle en la mano con una varita que llevaba, como acusándole recibo del balazo... Y cuando el otro acabó de disparar, se arrojó sobre él, y con las ansias de la muerte le clavó en la garganta aquellos dedos de hierro y lo estranguló en un instante... *Limones* rodó muerto por un lado, y Antonio Romero por otro, muerto también, con cuatro balas en el pecho...

Los comentarios sobre el final del último valiente de Sevilla duraron hasta la madrugada, y los compadres José Ramón y José Manuel, hartos de vino y de valentías, se separaron en la entrada del puente –esta vez por el lado de Triana–, completamente de acuerdo en que la Carretería había sido el barrio de los guapos..., y que, gracias a Dios, ya no había guapos en Sevilla. Merced a un acuerdo, ellos podían irse a dormir en paz, cada uno a su casa, no sin darse antes unos pocos abrazos y echar algunas lagrimitas a cuenta del desastroso fin de Antoñito Romero.

Sevilla en Semana Santa

I

Quisiera yo escribir la palabra que dijera a Sevilla en estos días de la Semana Santa; traducir al lenguaje hablado, escrito, el encanto inefable y la gracia única; expresar con palabras la luz, el olor, la voz de esta Sevilla de abril.

Y sucesivamente voy rechazando vocablos, adjetivos, metáforas... Y cuantas imágenes se ofrecen a mi fantasía. Ninguna dice lo bastante. Ninguna. Y, sin embargo, yo no he tenido nunca el sentimiento tan a flor de piel, el sentimiento tan cerca de los sentidos.

¡Una muerte chiquita!... Ya vamos camino de la expresión reveladora, que al cabo –como siempre– nos la dará el pueblo; que, al fin, la encontraremos en una copla, en un adagio, en un simple dicho popular.

Una muerte chiquita... es lo más parecido a este divino escalofrío que nos produce la tarde sevillana, entrándonos por todos los poros del cuerpo y del alma.

¿Cómo es Sevilla en Semana Santa? Alguien ha querido ver un sentido pagano en el fervor de Sevilla por sus imágenes santas. Error grosero. Los paganos desconocieron el amor tal como lo hemos entendido y sentido, hasta en sus mayores deliquios y delirios, los cristianos. El amor es cristiano, y Sevilla toda en estos días es amor. El propio realismo de nuestros Cristos y nuestras Dolorosas es una manifestación del amor a Dios y a su Madre Santísima. Humanizar lo divino –y hasta sevillanizarlo– puede serlo todo menos paganismo. Humanizar lo divino tiene, además, el más alto origen en el camino de la Redención.

Pero ¿cómo diríamos todo esto? ¿Cómo expresaríamos que Sevilla está siempre –pero más en estos días– llena de amor, de gracia, de luz y de azahares, de fervor religioso y de sensualidad estética, y que todo ello se ve, se oye, se palpa y se respira en el aire?

II

El que ha asistido a la Semana Santa de Sevilla puede decir que ha gozado del más bello espectáculo del mundo. Puede decir –sin miedo alguno a incurrir en la menor exageración e hipérbole– que ha visto el más bello de los sueños convertido en la más bella de las realidades. Más bella, mil veces, que el propio sueño.

Porque en esos días encarna en Sevilla todo lo que es espíritu. Pero también todo lo que es carne se espititualiza. Se sublima.

La Giralda es la antena por donde Sevilla alcanza y copia todos los dones celestiales. El primero, la Gracia. Y en estos días la Giralda se alza infinitamente esbelta y gallarda en un aire de mezcla de alma y de suspiro.

Sabíamos que el cielo es aire. Sevilla, en luz única y maravillosa, nos enseña que el aire es el cielo. Y nos envuelve en una caricia inefable y divina. Que sólo así explica esta luz su infinita dulzura.

El secreto de Sevilla, su mayor encanto, es la luz. Luz que todo lo vivifica y anima, que todo lo alumbra en la doble acepción de aclarar y de dar vida. Pero en las horas de la Semana Mayor es la noche el fondo propio del maravilloso cuadro. ¡La noche sevillana! Cuajada de estrellas y de cantares. Soñadora e insomne. Tensa de ayes de amor, de dolor y de asombro inefable ante el milagro del más tremendo drama sintetizado en el más dulce poema.

Jesús del Gran Poder, Señor, Dios mío...
Si en medio de la noche sevillana
aparece tu efigie soberana
entre gotas de llanto y de rocío...

Si de tu santa faz el sol sombrío
antes que el astro enciende la mañana
y de tu sangre la Divina grana
eterna corre como fluye el río...

Y vuelven a bajar las golondrinas
a quitar de tu frente las espinas
al mandato de Amor, eterno y fuerte.

Ríndese el mal y el odio. Y tu "carrera"
al hombre enseña, al fin, de qué manera
puede ser Dios un condenado a muerte.

Nada tan bello, tan tremendamente bello, como en la
madrugada del Jueves al Viernes Santo la aparición del
paso de Jesús del Gran Poder en la puerta de San Lorenzo,
en medio de un silencio compuesto de latir de cien mil
corazones, el rumor de una fuente y el primer ay de una
saeta gitana.

Con *toíto* lo que puede
el Señor del Gran Poder,
me dijo que *no podía*
curarme de tu querer.

Recorrerá en silencio una Sevilla loca de amor. Amor
más poderoso que la muerte, como nos enseñó el propio
Redentor.

Ya muy entrada la mañana, volverá a su templo.

A tiempo que también vuelva al suyo la Virgen de la
Esperanza, a la cual el poeta sevillano le canta, emociona-
do, la siguiente saeta:

¡Virgen de la Esperanza! ¡Macarena!...
y una explosión de sol y de armonía,
y un fluir generoso de alegría...
¡y un sentir que está el alma toda llena!

¡Virgen de la Esperanza! En tu morena
cara divina, el sevillano día
toma toda la luz de su poesía...
Mañana de cristal, tarde serena.

¡Ay! ¡De no amar, de no creer, no hay modo
cuando tu imagen célica aparece
mecida entre el incienso en lontananza!

¡Ay mi Sevilla, que lo tiene todo:
cuando el Señor del Gran Poder le ofrece
la Fe y la Caridad!... ¡Tú, la Esperanza!

SAETA

La saeta está en el ápice del cante hondo. El carácter religioso de este linaje de canciones no empece a su profunda raíz flamenca, o gitana (que todo es uno y lo mismo). Es cante que no precisa el concurso de la guitarra. Suele tener por acompañamiento, en cambio, algo tan maravillosamente policromo como la calle sevillana en noche de Semana Santa.

Pero cuando la copla nace en una ventana o en medio de la misma calle –ante los pasos de Jesús y de María Santísima– es en el corazón de un silencio aromado de flores y de inciensos donde se dilata y resuena.

Maneja la saeta los tópicos cardinales del cante hondo: el amor y la muerte, la pena y la madre. Sólo que aquí el amor es Divino y la Madre es la Virgen. Es copla dramática por excelencia en el drama sublime del Calvario; se inspira en el dolor, como todos los dramas divinos y humanos habidos y por haber. Y con qué detalles de realismo magnífico se alude a la misma Cruz donde está enclavado Nuestro Señor:

Tan estrecha era la cama
que el Rey del Cielo tenía,
que por no caber en ella
un pie sobre otro ponía.

Dice una saeta popular.
Y otra pide:

Quién me presta una escalera
para subir al madero
y así arrancar los clavos
a Jesús el Nazareno.

Y otra canta (llora):

Míralo por dónde viene
el mejor de los nacidos...

LA SAETA
Cantar de nuestros cantares

I

"Míralo por donde viene
el Mejor de los nacidos..."

Una calle de Sevilla
entre rezos y suspiros...
Largas trompetas de plata...
Túnicas de seda...Cirios
en hormiguero de estrellas
festoneando el camino...

El azahar y el incienso
embriagan los sentidos...
Ventana, que da a la noche,
se ilumina de improviso
y en ella una voz –¡Saeta!–
canta, o llora, que es lo mismo:

"Míralo por donde viene
el Mejor de los nacidos..."

Canto llano... Sentimiento
que sin guitarra se canta.
Maravilla
que por acompañamiento
tiene..., la Semana Santa
de Sevilla.

Cantar de nuestros cantares,
llanto y oración. Cantar,
salmo y trino.
Entre efluvios de azahares
tan humano y, a la par,
¡tan divino!

Canción del pueblo andaluz:
...De cómo las golondrinas
le quitaban las espinas
al Rey del Cielo en la Cruz.

Feria de abril en Sevilla
La caseta

Sevilla –aire de luz y de aroma–
abre en abril, como una flor radiante,
su corazón, sonoro y palpitante,
con un batir de alas de paloma.

Por doquiera la Giralda asoma
–alfil soberbio–, alerta y elegante,
señaladora del divino instante
en que a la tierra el cielo en brazos toma.

Para gozar el mágico momento,
para morir un poco al cotidiano
pesar y realizar la maravilla

de suspender el triste pensamiento,
tener es fuerza el lujo soberano
de una caseta en Feria de Sevilla.

LA MANZANILLA
Brindis

La manzanilla es mi vino
porque es alegre, y es "buena",
y porque –amable sirena–
su canto encanta el camino.
Es un poema divino
que en la sal y el sol se baña...

La médula de una caña
más rica que la de azúcar...
El color que da Sanlúcar
a la bandera de España.

II

ESCUELA SEVILLANA

Soy poeta –acaso el último– de la
escuela sevillana...

(*Sonetos y "sonites"*)

Escuela sevillana
Murillo

Yo no sé si a vosotros os habrá pasado alguna vez lo que a mí. Después de recorrer las salas de nuestro Museo y sobre todo la magnífica crujía central donde solicitan la vista y sacuden fuertemente el espíritu con intensidad violadora las inquietantes fantasías y las realidades tremendas de Goya, los soberbios y dorados desnudos del Tiziano, la opulenta policromía de Rubens, la suprema verdad de Velázquez inexorable, la ardiente angustia contenida del Greco, los feroces contrastes del Españoleto..., el sentir como una caricia de la luz en los ojos y en el espíritu, como un descanso inefable al deteneros en aquella pequeña rotonda clara y pacífica donde se exponen los cuadros de Murillo. De mí sé decir que aquello me halaga y tranquiliza como agua que se remansa tras la carrera torrencial, y mi vista se posa dulcemente sobre aquellos ángeles tan niños y aquellas vírgenes tan maternales... Sentía y pintaba este hombre tan humanamente las cosas divinas, que para trasladar yo al verso la poesía de su obra he tenido que valerme de un artificio de inversión: algo así como volver el lienzo del revés para mirarlo al trasluz.

Y, así como él humaniza lo divino, trato yo de divinizar lo humano. Y, tomando por base la *Sacra Familia*, pinto una escena familiar cualquiera que bien pudo servir de modelo al maestro.

Y todo envuelto en la luz de Sevilla, que es la luz de sus Glorias.

Años se cumplen que su hogar fundaron
Rosario y José Antonio, y, junto a ellos,
un niño –blanca tez, rubios cabellos–
atestigua la fe con que se amaron.

El niño –alma de pájaro– gorjea,
en los brazos saltando de su padre.
Morena y dulce, arrúllale la madre.
El amplio lecho en la penumbra albea.

En la amorosa y cálida armonía
de esta dulce familia sevillana
hay algo santo... En este hogar sencillo

él es el Patriarca, ella es María
y es, el niño, Jesús... Por la ventana
entra una luz de Gloria de Murillo.

Don Miguel Mañara Vicentelo de Leca
Sevilla. La Caridad.

Rosa y laurel simbólicos que aquí plantó Mañara
cantan su doble triunfo, su gloria dicen clara.
Habla la hermosa rosa de lo que amó y mató.
Dice noches de amores, heridas y placeres
–las canciones que hacía él para las mujeres–,
y evoca –roja y tibia– la sangre que vertió.

El laurel solemniza su puesta gloriosa
más allá de este mundo. La santa y religiosa
fundación de esta Casa. Dice la Caridad...
Las horas de añoranza y de recogimiento,
la elegancia suprema del arrepentimiento
y el último combate, ¡y la inmortalidad!

EN UN RINCÓN DE LA CATEDRAL

Con cabezas de ángeles y patas de vestiglo,
este confesonario, tallado en fuerte roble,
escuchó la terrible prédica, austera y noble,
de los hombres de Dios a los hombres del siglo...

Salió de aquí, descalza, la penitencia a Roma
y un reguero de sangre hasta el Sepulcro Santo.
Y alguna vez, bañada en Jordanes de llanto,
voló divina un alma, cual célica paloma.

En su talla soberbia admiran los discretos
el arte ingenuo y fuerte de la remota era
que grabó en esta silla los misterios cristianos
adorables...

Yo, en tanto, medito en los secretos
que hace siglos carcomen esta vieja madera,
impregnada de todos los dolores humanos.

LAS CONCEPCIONES DE MURILLO

De las dos Concepciones, la morena...;
la de gracia celeste y sevillana;
la más divina cuanto más humana;
la que habla del querer y de la pena.

La pintada a caricias ideales...;
la toda bendición, toda consuelo;
la que mira a la tierra, desde el cielo,
con los divinos ojos maternales.

La que sabe de gentes que en la vida
van sin fe, sin amor y sin fortuna,
y en vez del agua beben el veneno.

La que perdona y ve... La que convida
a la dicha posible y oportuna,
al encanto de amar y de ser bueno.

La mujer sevillana

I. Carmen

Cuando al caer la tarde, como un suspiro, orea
los rumorosos patios del barrio de Triana,
y el cabello de Carmen, que de negro azulea,
y sus ojos, en donde amor florece y grana...,

envuelto en ese halo de gracia, que defiende
al hombre que es amado de una mujer hermosa,
pasa Antonio; y en una larga mirada, enciende
el alma y las mejillas de Carmen, ruborosa.

Ella lo ve alejarse, sintiendo confundido
al latir de su pecho el paso conocido.

Y al rezar el Rosario, y al regar las macetas,
un nombre la perturba con delicias secretas...

Y sola ante el espejo –confesará mañana–,
prende en su negro pelo una rosa temprana.

II. Rosario

"Los hombres son los hombres. Y hay cosas en
la vida..."
Ante tales razones, Rosario, convencida,
inclina a la costura la gallarda cabeza,
donde luce una rosa que envidia su belleza.

Y al pensar en su hogar, limpio como un espejo,
que ella cuida y encanta sólo con el reflejo
de su gracia..., Rosario lo que es el mundo ignora.
Cuando Juan viene, ríe. Si Juan se tarda, llora.

El, que la quiere mucho, aunque lo diga poco,
vuelve siempre a la sombra del amor verdadero.
Ella espera, y el nido amante y dulce cuida,

donde crece la planta de su cariño loco.
Y Juan no viene acaso aquella noche; pero...
"Los hombres son los hombres. Y hay cosas en
la vida..."

III. Ana

¿Conocéis la leyenda que atribuye a Santa Ana
la invención del puchero?... ¿ Y aquella otra, llena

de aroma y gracia, de una hierba que es buena,
en competencia con otra que es mejor, Ana?

Y en la ruda corteza de los augustos robles,
viendo gotas de lluvia resbalar como llanto,
¿pensasteis en los rostros arrugados y nobles
de las abuelas, reinas-madres, que amaron tanto?...

Todo ello se evoca viendo a esta vieja santa,
a quien nimba una lumbre de hogar inextinguida,
bajo la gracia pura del sevillano cielo...

Y aun, con alegres cuentos, al nietecillo encanta;
y aun, heroica, conserva, al final de la vida,
la sonrisa en los labios y una rosa en el pelo.

A LOS VERSOS DE UN POETA SEVILLANO LLAMADO JUAN

Pobre Juan de la tierra clara,
pobre Juan de la triste cara
pobre poeta...
Canto sincero,
oloroso y humilde
como el romero...

Ya se ve que vivir es guerra.
Ya se sabe que nuestra tierra,
llena de gracia,
está de pena
tan verdadera como
de gracia llena.

Timidez es nuestra osadía,
nuestra risa no es alegría...
¡Que somos pobres,
aunque queremos
hacer de ricos dando
cuanto tenemos!...

Canta tú las fatalidades,
que son las únicas realidades:
Amor y Muerte.
Sigue cantando
coplas, que hombres muy hombres
oyen llorando.

Y si alguno te preguntara,
pobre Juan de la tierra clara,
quien las compuso,
di que lo ignoras...,
que tú, como Juan del Pueblo,
cantas y lloras.

Velázquez

Al pintor de la Verdad, su tierra, dice la inscripción de la estatua de Velázquez, de Sevilla.

Para mí es algo más que el pintor de la Verdad. Es la propia Verdad pintando. Para mí no tiene antecedentes ni consecuentes; es único y aparte. Veo en todos los demás artistas la técnica, el arte, la paleta. En Velázquez veo la vida... y, entonces, ya no sé nada, como pasa con nuestra vida misma.

Alfa y Omega

Cabe la vida entera en un soneto
empezado con lánguido descuido,
y, apenas iniciado, ha transcurrido
la infancia, imagen del primer cuarteto.

Llega la juventud con el secreto
de la vida, que pasa inadvertido,
y que se va también, ya que se ha ido
antes de entrar en el primer terceto.

Maduros, a mirar a ayer tornamos
añorantes y, ansiosos, a mañana,
y así el primer terceto malgastamos.

Y cuando en el terceto último entramos,
es para ver con experiencia vana
que se acaba el soneto... Y que nos vamos.

III

Copla y sol de mi tierra

CANTE HONDO
Introducción

Manes del Filio, del Perote y de la Andonda. Sacratísimas sombras de Silverio y el Chato de Jerez...

Y vosotros felices continuadores de la verdadera tradición del "cante"... Provecto Juan Breva, insuperable Chacón, celebérrima Antequerana. Nombres gloriosos de la Trini y la Paloma, de el Canario, el Pollo Santa María, Andrés el Mellizo, Tomás el Papelista, por no despertar a toda la ilustre legión de los muertos... Pastora, la de los Tientos, Revuelta, Manolo Torre, Fosforito, Niño de Cabra. Ramón el de Triana, Mochuelo, Prada, entre los vivos...

Por vosotros y para vosotros se ha escrito este libro. Y también para tí, sobre todo para tí, hermano Juan del Pueblo, Juan Andaluz, Juan Sevillano, por excelencia.

Mal digo que se ha escrito, porque las coplas no se escriben; se cantan y se sienten, nacen del corazón, no de la inteligencia, y están más hechas de gritos que de palabras... Sólo la costumbre de llorar cantando, propia de nuestro pueblo, es capaz de encerrar tanta pena y tantos amores en los tercios de una malagueña, o en el canto llano de una "seguiriya".

No, no se escriben las coplas ni son tales coplas verdaderas hasta que "no se sabe" el nombre del autor. ¡Y este glorioso anónimo es el premio supremo de los que tal género de poemas componen! Yo he oído en boca del pueblo los cantares de Ferrán, de Trueba, de Montoto, los de Alfonso de Tovar y Enrique Paradas, sin que el pueblo conociese estos nombres, honor de nuestra literatura...

Y, en el fondo, yo mismo, cuando hago cantares, soy pueblo por el sentir y por el hablar:

No canto porque me escuchen
ni para lucir la voz.
Canto porque no se junten
la pena con el dolor.

Yo mismo, andaluz, sevillano hasta la médula (de allí soy, de allí mis padres y mis abuelos), canto, al estilo de mi tierra, los sentimientos propios, sin otra idea que la de aliviarlos o exaltarlos, según me duelen o me complacen...

Si estos sentimientos, por humanos, son a veces, los de todos o los de muchos, y la expresión les acomoda para cantarlos como suyos, ahí quedan mis coplas, suspiros en el viento, gotas de agua en el mar de la poesía del pueblo...

Cantadlas. Y no hayáis miedo de que yo reivindique la propiedad.

Un día que escuché alguna de mis soleares en boca de cierta flamenquilla en una "juerga" andaluza, donde nadie sabía leer ni me conocía, sentí la noción de esa gloria paradójica que consiste en ser perfectamente ignorado, y admirablemente sentido y comprendido.

Y no quiero más.

El cantar

Cuando la gente ignore
que ha estado en el papel
y el que lo cante llore
como si fuera de él...,
copla de mis amores,
cantar de mis dolores,
entonces tú serás
la copla verdadera,
la alondra mañanera
que lejos volarás...

Y en labios de cualquiera,
de mí te olvidarás.

Todas las primaveras
tiene Sevilla
una nueva tonada
de seguidillas.

Nuevos claveles,
y niñas que por mayo
se hacen mujeres.

"Sevillana" es la copla,
graciosa y tierna,
en que hasta la palabras
danzan y juegan.
Dorada avispa,
que sabe que se muere
si acaso pica.

"Sevillana" es la danza
que en tierra teje
arabescos de amores,

del gusto redes,
mientras los brazos
dibujan en el aire
los desengaños.

Sevillanas... Amparo
y Ana y Adela.
Sevillanas... Rosario,
Concha y Carmela,
Pura, Remedios,
Pastora... Todas tienen
los ojos negros.

"Sevillanas"... Conjuro
que alegra el alma.
Danza, mujer y copla
son sevillanas.
Sabido es ya
que Sevilla está llena
de sol y sal.

Todas las primaveras
sale en Sevilla
una nueva tonada
de seguidillas...

Serranilla del alma,

cuando me acuesto,
con tu nombre en los labios
me voy durmiendo.
Y es lo más grande
que lo tengo en los labios
al despertarme.

No tengo más espejo
que tus ojitos,
y según tú me miras,
así me miro.
Y así me veo
unas veces tan guapo
y otras tan feo.

Es la chiquilla mía
morena clara,
como la Virgencita
de la Esperanza.
Dame la mano;
mírame, serranilla,
como a un hermano.

Te pregunté, serrana,
si me querías,
y tu me respondiste
que no sabías.

Y al estribillo,
ahora te está pesando
no haber sabido.

Una fiesta se hace
con tres personas:
uno baila , otro canta
y el otro toca.
Ya me olvidaba
de los que dicen "¡ole!"
y tocan palmas.

Soleares y malagueñas

Hermanita y compañera,
la de los ojitos negros
y la carita morena...

No te quiero decir *na*...
No quiero que se te ponga
la carita *colorá*.

Solear de las morenas...,
que tienen cositas malas
y tienen cositas buenas.

Chiquilla, dame otra caña,
y canta por alegrías
pa que las penas se vayan.

Aunque amanezca nublado,
yo tengo sol y alegría
con tu carita a mi lado.

No sólo canta el que canta,
que también canta el que llora...
No hay penita ni alegría
que se quede sin su copla.

¡Bendita sea mi tierra!
¡Bendita sea Sevilla!
Sevilla tiene a Triana;
Triana tiene a mi niña.

La Virgen de la Esperanza,
aquella que está en San Gil,
aquella Señora sabe
lo que yo te quiero a tí.

¡Ay *Maresita* del Carmen,
qué pena tan grande es
estar juntito del agua
y no poderla beber!

LA GUITARRA HABLA

Mis cuerdas, cual humanos nervios, tensas,
un grito de dolor y un ¡ay! amante
y de ternuras un tesoro inmensas,
como en un corazón, guardan vibrante.

Llovidas entre exóticas canciones
que hablan de suerte y pena, amor y muerte,
son mis notas calientes goterones
de sangre roja que mi pecho vierte.

Lágrimas, ayes, gritos sensuales,
deliquios lujuriosos entre aromas,
suspiro violador, arrullo blando...,

brotan de mí en magníficos raudales,
mientras las coplas van, como palomas,
de corazón en corazón volando.

DEL QUERER

Morucha de mis carnes,
morena de mi alma,
reina,
¿por qué se han puesto mustias
las rosas de tu cara?...
¿Qué quieres que te diga?
¿Qué quieres que te haga,
negra?...
Porque tú no estés triste,
daría yo mi alma.

Dejaré a los amigos,
no beberé una caña,
sangre...
Me casaré contigo
cuando te dé la gana.

Pero que yo no vea
las rosas de tu cara,
madre,

ponerse triste nunca,
que se me nubla el alma.

Qué tú eres de Sevilla
y yo soy de Triana,
nena...
Y por en medio, el río
nuestro cariño canta.

VELADA SEVILLANA

Llovió la guitarra
sus notas en medio
de la copla –noche
de mayo–. Los nervios
sacudió un terrible
estremecimiento...
La noche y la copla
su verdad dijeron.
Hablaron de sangre,
de amor y de celos,
de dichas perdidas,
de adioses eternos,
de pena y de suerte
negra... Y de ojos negros.

Fulguró la danza
repentino *allegro*
de llamaretadas,
desmayos y vuelos,
y fue, línea a línea,

momento a momento,
rimando un poema
de heridas y besos,
que de la gitana
dibujaba el cuerpo,
envuelto en el rico
miliunanochesco
mantón de Manila
radiante y grotesco.

Suspiró de amores
el río en su lecho
profundo. Los cables
del barco gimieron
compasadamente.
En brazos del viento,
de los naranjales
y los limoneros,
invadió el aroma
palacios y huertos.
La luna a la reja
llegó muy de quedo.
Sevilla y la noche
se dieron un beso.

JULIO

Calle del Betis. Triana.
El corazón del estío
penetra el escalofrío
de la fuente charlatana.

La velada de Santa Ana
llena de música el río.
Con los ojos de Rocío
se ilumina la ventana.

De envidia, al verla, una estrella
en las alturas sin fin,
estremecida rutila.

Y se apaga cuando ella
sale envuelta en el jardín
de su mantón de manila.

... Negro, retinto, jabonero, berrendo en colorao, negro zaino...

Ya estáis aquí de nuevo, Romito, Sereno, Playero, Careto, Hortelano... Os saludo, sois unos viejísimos conocidos míos. Sois una docena de antiguos grabados en madera que desde tiempo inmemorial venís figurando en esta hoja amarilla o roja del programa, hoja de amable ranciedad, contemporánea de los abanicos de calaña y los equipos a la calesera.

Sois los toros, los eternos toros del programa, colocados a ambos lados del popular prospecto, en dos columnas invariables, infantiles, tradicionales. Yo os quiero, yo os profeso un culto mezcla de gratitud y de admiración, Romito, Playero. Porque habéis representado, porque sois –¿quién osa negarlo?– todos los toros que se han dejado lidiar y matar para entretenimiento nuestro, para solaz de estos españoles incorregibles, escándalo de Europa.

Vosotros sois los toros, y el toro, el bravo animal, escogido, cuya fiereza es la base de la más bárbara y hermosa fiesta del mundo.

Y sois toda la historia, luego, de esos admirables astados. Modestamente pintados aquí por un viejo dibujante que habrá ya muerto –y cuyo nombre debió saber Felipe Pérez[1] o algún otro de esos impagables curiosos de ranciedades–, hoy Careto, mañana Rosito, habéis sido autores de proezas que se han aplaudido con locura, de desgracias que han sobrecogido a multitudes entusiastas.

Representáis, vosotros solos, a la plebe y a los próceres cornúpetos. Fuisteis un día el fiero *Jaquetón*, malogrado a manos de Canales, y tan famoso en una tarde como lo fuera en aquella época de las celebridades a pares, Frascuelo y Lagartijo, Cánovas y Sagasta... *Señorito*, el veragüeño terrible, que mereció la gracia por su bravura asombrosa... *Escribano*, el del cuerno partido por la cepa, que, acometiendo con el que le quedaba, derribó a multitud de jinetes... Fuisteis el toro *Catalán* y el toro *Flor de Jara*, que hizo un solo montón sangriento con siete caballos, arrojados unos sobre otros a certeras cornadas, sin salirse del tercio y en medio de un chaparrón sólo comparable a la ovación delirante que recibía el ganadero.

---

1. Se trata del abogado sevillano Felipe Pérez y González, hombre entendido en muchas cosas, periodista, poeta y autor teatral. Murió en Madrid el año 1910, poco antes de escribirse este texto. Como poeta se conoce su libro *Un año de sonetos* y como dramaturgo es famosísimo el libreto de *La Gran Vía*, zarzuela que escribió con música de Chueca y Valverde. (N. de los E.)

Y también habéis sido los trágicos: *Jocinero*, que hirió definitivamente al Tato; *Gindaleto*, que hizo llevar a Frascuelo costillas de plata... Y los feroces vengadores que dieron muerte al Yusi, al Armilla, a los Pepetes... El siniestro *Perdigón*, que mató al más valiente de los matadores.

Habéis sido el montón innúmero y las excepciones celebérrimas, verdaderos dechados de ferocidad o de nobleza... Playero, un Muruve que atendía por su nombre y se venía a comer a la mano los puñados de sal que le ofrecían los vaqueros... Y realizó prodigios de bravura en la plaza de Sevilla, hasta que –perdonada su vida– fue retirado a los corrales por el propio Reverte, que le halagaba el testuz.

Negro, retinto, jabonero... Ya estáis de nuevo aquí, los toros del programa. Modestamente, buenamente, llamándoos Careto, Hortelano, Rosito o cualquiera de esos nombres que huelen a campo y saben a romero, estampados en esta hoja roja o amarilla, que evoca invariablemente en toda imaginación española una espléndida tarde de sol.

La fiesta nacional
I

Una nota de clarín
desgarrada,
penetrante,
rompe el aire con vibrante
puñalada.

Ronco toque de timbal.

Salta el toro
en la arena. Bufa, ruge...
Roto cruje
un capote de percal.

Acomete rebramando,
derribando
a caballo y caballero.

Da principio el primero
espectáculo español.

La hermosa fiesta bravía
de terror y de alegría
de este viejo pueblo fiero...
Oro, seda, sangre y sol.

II

En los vuelos del capote,
con el toro que va y viene,
juega, al estilo andaluz,
en una clásica suerte;
complicada con la muerte
y chorreada de luz...

Elegante
y valiente,
y con una seriedad
conveniente,
va burlando
la feroz acometida
y jugando
con la vida
ágilmente.

III

Un montón
de correas y de astillas,
y de carne palpitante
y sangrante...
Un fracaso de costillas
con estruendo...
Correajes perforados
y hebillajes
destrozados…
sangre en tierra...
Polvo, un grito... ¡Una ovación!

Sobre la arena, roja
de sol y sangre, en confusión de rotos
arreos y correas,
derribados se agitan entre el polvo
caballo y picador... Y al palpitante
montón convulso el toro
asesta, rebramando,
el duro cuerno hasta la cepa rojo.

Y encuentra en el camino
nada..., la orla de un capote, sólo
una figura esbelta que se esquiva
jugando con su enojo...

Que se esquiva elegante,
dejando desde el hombro
pender la rica seda... Y paso a paso
la sigue ciego, absorto,
hasta parar rendido,
el duro cuerno hasta la cepa rojo.

Y la paz es un charco
de sangre mala y negra
y aquellos dientes fríos y amarillos...
Un azadón, un esportón de tierra
y aquel montón de arreos
que, como cosa muerta,
junto del jaco muerto
están sobre la arena.

IV

Ágil, solo, alegre,
sin perder la línea
–sin más que la gracia
contra la ira–
andando,
marcando,
ritmando
un viaje especial de esbeltez y osadía…

llega, cuadra, para
–los brazos atando–,
y, allá por encima
de las astas, que buscan el pecho
las dos banderillas,
milagrosamente
clavando..., se esquiva
ágil, solo, alegre,
¡sin perder la línea!

V

Veinte mil corazones
laten en un silencio
claro y caliente. Brindis…
Suenan con golpe seco
las banderillas mustias
en el lomo del toro, y a su cuello
la roja sangre tibia
hace un "foulard" soberbio.

De un lado, por debajo
del rojo trapo en que su furia engríe,
el toro surge, alzando
remolinos de arena.
De otro lado sonríe una cara morena.

O bien, en los tres tiempos
del pase natural, tendiendo el brazo
guarnecido de oro,
la clásica elegancia
con seriedad ejerce y arrogancia.

¡Fue, pudo ser! Los alamares de oro
rozaron con el asta ensangrentada.
En la arena tendido, yace el toro,
y de pie, sonriendo está el espada

Veinte mil voces –una– gritan locas.

La inesperada acometida ha hecho
del elegante paso
un revuelo confuso..., y allá junto
de la barrera hay algo
indiscernible... Enfrente
se ven rostros de espanto...
Y, entre manchas de grana
y reflejos metálicos,
el toro, revolviéndose,
alza en los cuernos un pelele trágico.

VI

Y suena esa divina musiquilla
de "La Giralda", que es toda Sevilla,
y es torera y graciosa y animada.

Y habla de la mujer enamorada
que nos espera... Y nombra
naranjos y azahares,
y la caña olorosa,
y una alegría rítmica en cantares,
y una tristeza vaga y lujoriosa...

Los látigos chasquean,
agitan las mulillas
en su carrera locas campanillas,
y mientras que se orean
las frentes sudorosas
y en el pecho golpean
los corazones, suena
la música torera y sevillana,
y, dejando en la arena
un surco negro y grana,
pasa arrastrado el toro...
Lleva en el fuerte cuerno
un hilillo de oro.

Después, como de un tajo,
la música, la luz y la algazara
cesan un momento
contra compás... De un golpe el movimiento
se desvanece y para.

VII

El gran suspiro que es la tarde crece
como de un pecho inmenso. Palidece
el sol. Y, terminada
la fiesta de oro y rojo, a la mirada
queda sólo... un eco
de amarillo seco
y sangre cuajada.

LA ESPAÑA QUE SE VA

(Y LA ANDALUCÍA DE "PANDERETA")

La España que se va tiene aún supervivencias típicas y características, que, si escapan al buril de un escritor curioso, desaparecerán bien pronto para siempre, sin dejar documento alguno para nuestra historia.

Hubo a fines del pasado siglo, y aún vive vergonzante en los albores del presente, un tipo que simbolizaba a esa España de ayer (y ya tan pasada, que ayer es nunca jamás, como dijo el poeta). Ese tipo es Don Tancredo, cuya vida y cuya filosofía se reduce a esperar las mil pesetas o la muerte a pie quieto, sin moverse ni hacer nada absolutamente.

Otra de las instituciones que desaparecen a pasos agigantados es el café cantante, encanto de los troneras de hace cuarenta años, refugio y vivero del flamenquismo, prostitución de la sana alegría popular y de la poesía y de la música de Andalucía. Y antes de que se vaya definitivamente, quisiera yo dejar bosquejado el cuadro, ya casi anacrónico y goyesco, en que se movían nuestros últimos picaros. Pocos días más, y ya no podríamos tomarlos del natural. Acépteseme, pues, el pretérito imperfecto para hablar de ellos, y comience el desfile.

Girón

No puede decirse que Girón fuese del todo malo, aunque para no decirlo haya que tener la manga sobrado ancha sobre las condiciones morales de un pobre diablo de esta especie, o bien haber conocido otros mucho peores, en profesiones harto más graves, serias y estimadas.

Profesión... Tampoco puede decirse que Girón tuviese una bien clara y determinada. El era, sin duda, un golfo con relación al Presidente del Tribunal Supremo. Comparado con Garibaldi, Girón era un perfecto burgués.

Cuando el Duque de Montpensier (perdón por nombrar a tan altos personajes con tal fútil motivo) obsequió con una fiesta flamenca en su palacio de San Telmo de Sevilla, a cierto príncipe extranjero como él después de gratificar espléndidamente a todos los artistas, fue preguntando a unos y otros cuál era su especialidad y el papel que habían desempeñado en la típica zambra.

–Cantaora.

–Tocaor.

–Bailaora de Flamenco.

–Bolera.

Y como el prócer, amable y sencillo, se dignase hacer la misma pregunta a un mozo de colosales persianas y flamante chaquetilla, éste le contestó a su vez:

–Yo, jaleaor.

–Y eso ¿qué es? –preguntó Montpensier.

–Pues... jaleaor. El que mete bulla y toca las parmas y jase son con los tacones. Y viendo que el gran señor no se enteraba o no quería enterarse de su explicación, añadió mosqueado:

–Vaya, que yo soy el que dice: bien... ¡Silleta!

Esta vez el Duque se dio por satisfecho.

Como Girón no sabía cantar, ni tocar, ni bailar lo suficiente para llamarse hijo de una de las tres Musas, hubo de resignarse a ser el que dice "bien"; pero eso sí, en uno de los tablados más brillantes de todo el reino flamenco.

Ni paraban aquí sus actividades. Girón era por extremo servicial, útil y oficioso. Evacuaba a las mil maravillas los recados y mandamientos de los parroquianos, y lo mismo iba por unos fiambres a la Viña P o casa Morán, que avisaba a la Menganita y a la Fulanita para que viniesen a beber una botella de Agustín con unos amiguitos, que hacía las delicias de una juerga con sus dicharachos y ocurrencias.

No aseguraremos que al llegar los langostinos y demás frioleras a la mesa del café no trajeran un sobreprecio verdaderamente extraordinario, ni que el amable mediador no fuera a pacha con las niñas, como él decía, cuando desempeñaba cierta clase de comisiones. Pero todo ello estaba descontado, y sabido es que la gente de trueno no repara en unas pesetillas arriba o abajo.

Lo cierto es que Girón servía para todo, si bien de todo sacaba algún partido.

Olvidábamos mencionar otra calidad de este hombre-estuche, tan rara como útil y necesaria en el medio en que vivía, y por la cual habíale cobrado el amo del café la mayor estima. Girón era valiente.

Sin que le hayamos visto realizar ningún acto heroico, hemos oído referir de él cosas extraordinarias, que le hacían mirar con cierto respeto por propios y extraños..., a menos de *pasar a no creerlas*, como decía con mucha gracia la *Mojicona*, su compañera de tablado.

Esta fama le había acarreado también algunos disgustos, de los que parece había salido, sin embargo, brillantemente.

Decíase que contando en cierta ocasión él mismo sus hazañas, un mozalbete achulado que las escuchaba por enésima vez, se había adelantado a terminar el cuento, añadiendo:

–Y eso pasó entre Córdoba y Semana Santa.

Las risotadas del concurso habían indignado al jaleador, y agriándose la cuestión, el mocito había sacado a relucir una enorme navaja de siete muelles. Sin darle tiempo a usarla, Girón lo había cogido por el cogote y lo había echado a la calle a puntapiés, diciéndole, mientras le quitaba el arma y se la guardaba en el bolsillo:

—Tray p'acá esa navaja, so mamarracho, que eso no lo gastan más que los hombres.

Y había acabado luego de contar su historia, sin que nadie se atreviera a interrumpirle.

Con todo se habrá conocido que este Girón no deja de ser un personaje secundario en el cuadro que estamos describiendo. Le hemos presentado primeramente porque su puesto en el tablado es el primero de la izquierda, es decir, el último en categoría.

LA MOJICAMA

Los pómulos muy salientes, para enterrar más unos ojos hundidos, donde parece arder aún cierto fuego como en los fósforos mal apagados. Liso el pelo negro y partido a ambos lados de la cara, recogido sencillamente por detrás, tapando la nuca. La tez matada y recargada de esos malditos polvos rosa. La boca, grande y sensual, con dientes irregulares y nada limpios, pero de labios verdaderamente rojos. Y el resto de la persona envuelto en una larga bata blanca de crujiente percal. He aquí a *La Mojicona*, ex bolera y actual bailadora de flamenco.

Esta rata cana de café cantante estaba, como dice la copla, *jartita e roá*. Había empezado como tantas otras a la edad de ocho o nueve años, moviendo la barriguita ante el publicote del café en uno de esos lamentables tangos de juguete en que la inocencia de la niñez contrasta con la indecencia de los movimientos.

Luego, a los quince, a la edad de la esbeltez y la ligereza, había bailado las seis coplas de sevillanas incansable y frenética, ilustrando los finales con verdaderas proezas acrobáticas.

Más tarde, el bolero, el olé, el vito, le habían dado fama de bolera clásica.

De vuelta ya algo machucha y menos ágil, había tornado al más tranquilo, sabio y sugestivo baile flamenco (tango, fandango, zapateado), en cuya más lamentable decadencia se hallaba ahora, frisando en los cincuenta y en la perspectiva. Durante la parábola de su vida cantante había conocido a toda clase de gentes, alternando en infinitas juergas y bebido un número asombroso de chatos de vino.

A pesar de lo cual, la edad de la sabiduría coincidía en ella con la de la miseria.

–Lo esenciá –decía una noche a sus compañeras, mientras simulaba beber y devolvía intactas las copas que, por hacer gasto, aceptaba de los parroquianos-, lo esenciá, hija, es, en esta vida, saber nadar y guardar la ropa.

Y ella al principio no había sabido nadar; luego no supo guardar la ropa, y ahora que hubiera sabido lo uno y lo otro, no tenía ropa que guardar.

Ahora todo su prurito estaba en conservar el más tiempo posible las miserables cinco pesetas que el déspota

Momon, dueño del café, le abonaba diariamente, no sin echarle en cara su antigüedad y decadencia.

Esto no era justo ni mucho menos. Nadie sabía como ella animar una juerga, ni meter el palo en candela para que los parroquianos se dejasen la luz, ni estaba más al quite de los borrachos *pesaos y tentones*, ni se arrancaba con más gracia por fandanguillos en medio de una disputa, para evitar una *esaborisión*.

Aunque en el tablao se limitaba a cumplir con su par de tangos descoloridos, bailados como el que no quiere la cosa, y unos cuantos olés automáticos acompañados de palmadas huecas, en todo lo demás servía a maravilla los intereses del amo, y, sobre todo, tenía siempre en la boca estas dos palabras: "Otra botella".

* * *

He aquí dos tipos de actualidad hace veinte años, y que arrastran ya una miserable vida de alma en pena.

Sea ésta la última vez que se hable de ellos, y que un olvido piadoso separe para siempre nuestros ojos de la España que se va.

COLOFÓN
(*Un día cualquiera*)

Pero la copla de luz
del paraíso andaluz,
alada y primaveral;
la graciosa charlatana
que dice toda Sevilla,
es la alegre seguidilla
sevillana,
llena de sol y de sal.

www.casimirolibros.es